날더러 웃겨달라고?

날더러 웃겨달라고?

편 저 / 김진범
펴낸이 / 孫貞順
펴낸곳 / 모아드림

1판 1쇄 / 2004년 10월 12일
1판 8쇄 / 2011년 6월 30일

서울 서대문구 북아현3동 1-1278
전화 / 365-8111~2
팩스 / 365-8110
E-mail / morebook@korea.com
              morebook@morebook.co.kr
http://www.morebook.co.kr
등록번호 / 제2-2264호(1996.10.24)

ⓒ김진범
ISBN 89-5664-058-7

* 잘못된 책은 구입하신 서점에서 바꾸어 드립니다.
* 편저자와의 협의하에 인지를 붙이지 않습니다.

값 13,000원

날더러
웃겨달라고?

― 40년간 웃겨준 이야기 ―

모아드림

책을 펴내면서

신촌 로터리에서 젊은이가 노인에게 "할아버지, 연세대 어떻게 가나요?"라고 물었다. 노인의 대답은 간단했다. "뭘 어떻게 가? 공부 열심히 해서 수능시험 잘 보면 되지."

어려운 대학에 입학했으나 한 달여를 거의 매일 술 마시고 늦게 들어오는 아들을 보다 못한 아버지가 어느 날 마주 앉아 「대화」를 했다.
"야, 이 녀석아 너도 대학생이 되었는데 진로(進路)에 대하여 어떻게 생각하고 있는 거냐?"
"진로요? 그거 몇 년 전에 「참이슬」로 바뀌었는데 많이 순해졌어요."

40여년의 사회생활을 통해서 활용하던 유머조각을 엮어 한권의 책으로 내게 되었습니다. 그동안 주위로부터 책으로 펴낼 것을 여러번 권유받았습니다. 말로 하는 유머는 상황과 분위기에 따라 감정과 표정, 말의 억양과 제스처 등을 달리하면서 웃고 즐길 수 있습니다. 그게 유머의 매력이며 강점입니다. 하지만 글로 옮기면 이야기는 달라집니다. 상황과 분위기는 제쳐놓고 활자화된 내용만으로 웃고 즐기기에는 한계가 있기 마련입니다. 활자화에 따른 표현의 절제와 제약이 유머의 재미를 반감시킬 수 있습니다. 유머는 논리라기보다 감정으로 소화해야하는게 대부분일 뿐만 아니라 때로는 억지도 있고 비약도 있기 때문입니다. 그래서 책으로 펴내는 걸 망설이고 주저했습니다.

그러나 우리들 주위는 일상에 바빠서인지 모두가 답답해하고 여유가 없어지고 가슴은 메마르고 인정은 각박하게 변해가고 있습니다. 이럴 때 가슴을 터놓고 한바탕 웃는 이야기라도 주고받을 수 있다면 그 어떤 보약보다도 몸에 좋은 활력소가 될 수 있을 것이라는 생각에 이르게 됐습니다. 답답하고 짜증나는 일상에서 잠시만이라도 벗어날 수 있다면, 그것만으로도 우리 사회와 이웃을 위하는 일이라고 생각하고 책을 펴내기로 하였습니다. 물론 거듭된 주위의 격려도 큰 몫을 했습니다.

세상이 각박하게 돌아가자 웰빙시대(Well-being)를 이야기하고 느림의 미학(美學)을 강조하고 있습니다. '느리게 살자' 는 목소리도 커지고 있습니다. '빨라야 이길 수 있다' 면서 앞뒤 가리지 않고 달려온 게 지난날이었습니다. 그러던 우리 사회에서 최근 느림의 문화가 나타나고 있는 것입니다. 이는 빨리 달리는 경쟁사회 속에서 잠시라도 숨을 고르며 여유를 갖자는 것이라고 봅니다. 마음의 여유! 그 윤활유는 단연 유머일 것입니다.

바쁜 가운데 여유를 갖는다는 것. 그건 모두가 바라면서 실제로는 실천하기 어려운 우리의 숙제나 다름없습니다. 우리는 어떤 일을 하고 살던 사람을 만나고 그 사람들과 문제를 맺고 풀면서 살아야합니다. 점잖고 은근하며 수준 높은 유머 한두 마디쯤 슬쩍 대화에 곁들일 수 있다면 우리는 대인관계에서 이미 성공하고 있다고 해도 틀리지 않을 것입니다. 그런 대인관계를 맺을 수 있는 능력, 그것은 삶의 지혜입니다.

사회생활을 한다는 건 여러 형태의 「만남」이 있다는 걸 말하는 것입니다. 그런 만남을 통하여 주위 사람들을 즐겁게 해줄 수 있다면 누구에게서나 환영받는 사람이 될 수 밖에 없습니다. 그렇게 되면 자기 주위에 많은 사람들을 모이게 하는 힘이 생기게 될 것입니다. 이는 유머를 통하여 스스로의 인생에 큰 변화를 가져오고 생활을 기름지게 하는, 말하자면 자신의 "팔짜"(八字)를 바꾸는 계기로 삼을 수도 있다는 것입니다.

이제는 우리네 모임에서 자리에 없는 사람을 헐뜯는 문화를 털어 버려야 합니다. 남을 헐뜯는 건 상황에 맞는 이야기거리를 갖고 있지 않기 때문입니다. 모두 한바탕 웃을 수 있는 이야기거리, 그건 격조있는 유머입니다.

이 조그만 책자가 우리사회에 웃음을 전파하고 나아가 우리사회를 한 단계 성숙시키는 데 조금이라도 보탬이 된다면 그 이상의 영광은 없을 것입니다.

이 책을 펴내는 데 많은 분들의 도움이 컸습니다. 기회 있을 때마다 자주 새로운 소재들을 주신 학교동창 친구들, 원고 독회 등 출판에 따른 여러가지 도움을 주신 박양규, 박창배, 한근환 학형, 많은 조언을 주신 C, L, K, C, R, S형과 특히 우리 유머의 영역을 해준 미국 시애틀 거주의 L형, 적지 않은 원고를 잘 정리해 준 L, C양에게 감사의 뜻을 전합니다.

2004년 9월
김 진 범

추천의 글

류동길 | 숭실대학교 경제통상학부 명예교수

유머는 무엇이며 누가 즐기는가?

즐겁게 웃고 난 사람의 뇌에서는 독성을 중화시키고 웬만한 암세포라도 죽일 수 있는 호르몬이 다량 분비되고, 사람을 칸막이 속에 가두고 약을 올려 신경질을 부리게 한 뒤 타액검사를 하면 황소 수십 마리를 죽일 수 있는 독극물이 검출된다고 한다. 웃음의 중요성과 필요성을 그대로 드러내는 이야기다.

진지한 이야기나 진담만을 주고받으며 살아갈 수는 없다. 생활의 건조함과 딱딱함이 우리를 늘 긴장상태에 몰아넣을 건 뻔한 일이다. 진지하게 열심히 일할 때가 있으면 쉬어야 할 때도 있어야 한다. 긴장을 풀고 여유를 가지는 데 없어서는 안 되는게 유머다.

유머는 음식에 맛을 내는 조미료처럼 삶의 풍요로움을 돕는 역할을 한다. 한 마디의 유머와 그에 따른 웃음은 얽히고 설킨 어려운 문제를 손쉽게 해결하고 죽을 법한 위급도 타개할 수 있다. 그게 유머의 힘이다. 유머를 구사하는 사람은 마음에 여유가 있다. 마음이 윤택하지 않고서는 유머를 즐길 수 없다. 참된 유머는 머리로부터 나오는 것이 아니라 마음으로부터 나오는 것이기 때문이다. 격하기 쉬운 마음을 가진 사람이나 자기를 앞세우는 사람에게서 유머를 찾아보기 힘든 것은 이를 말해준다. 웃음을 좋아하고 유머의 가치를 알고 있는 사람들 가운데 악인은 없다고 했다.

　유머는 힘들 때 더욱 가치를 발휘한다. 이미 고인이 된 레이건 미국 대통령이 총상을 입고 수술을 하게 됐을 때, 의료진이 "수술하겠습니다."라고 말하자, "여러분 모두 공화당원입니까?" 수술대 위에서의 이 유머 한마디가 극도의 패닉상태에 빠진 미국 국민을 안심시켰다.

　일찍이 임어당(林語堂)은 독일의 카이제르 빌헬름이 웃을 수 없었던 탓으로 한 제국을 잃었다고 했다. 그는 공적 생활에서 무엇이 마음에 걸렸던지 늘 카이젤 수염을 곧추 일으켜 세우고 자못 험상궂은 얼굴을 하고 있었다는 것이다. 웃을 줄 몰라 제국을 잃었다니!

　웬만한 지능이면 웃을 수 있다. 하지만 웃을 수 있는 능력과 남을 웃길 수 있는 능력은 다르다. 똑같은 내용의 이야기를 해도 사람에 따라서는 재미있기도 하고 썰렁하기도 한 이유가 어디에 있는가.

　이 책을 쓴 김진범 사장은 유머를 잘 구사하는 도사요 달인이다. 그는 개그맨도 탤런트도 아니지만 능력은 그들을 능가한다. 그는 경기고와 서울상대를 졸업한 후 은행의 임원을 거쳐 금융회사 사장을 한 정통 금융인이다. 그런 그가 어떻게 이런 방면에까지 능력을 발휘하게 됐는지 불가사의한 일이다.

　한 20여년 넘었을까, 대학동기들 송년모임에서 그가 마이크를 잡았다. 그 전까지는 개그맨이나 전문 엔터테이너를 불렀는데 그날 그가 꾸몄던 모임은 모두에게 진정한 유머가 무엇인지를 보여주었던 기억이 아직도 선명하다. 수고비조차 절약할 수 있었으니 그야말로 '꿩 먹고 알 먹고'였다. 그 후 그가 없는 모임은 생각조차 할 수 없게 됐다. 1992년 대학졸업 30주년 홈 커밍 행사 역시 그가 주도했다. 대학동기들이 일년에 두 번 정도 국내외 여행을 한다. 그때 그는 당연히 친구들 부부를 가지고 논다. 그는 웃겨서 즐겁고 친구들은 웃어서 즐거우니 이거야말로 '웃으면 복이 와요' 다. 이런 저런 모임에 그를 끼워 재미있는 시간을 보내려는 사람들이 많아졌다. 소문은 바다 건너까지 퍼졌다. 2003년 뉴욕에서 있었던 고교졸업 45주년 기념 행사에도, 로스엔젤레스의 대학동창회 송년모임에도 초청받아 이제는 "무대"를 국제적으로 넓혔다. 하지만 그저 친구 좋아서 뛰는, 수입없는 우정출연인 것을!

그의 그런 능력은 어디에서 오는가. 단순히 머리가 좋다고 세련된 유머를 구사할 수 있는 건 아니다. 듣고 보고 읽고 느끼는 것을 요약하고 정리하는 열성이 아니고서는 어림도 없는 일이다. 더욱이 자주 만나는 친구들에게 들려줄 레퍼토리가 같을 수는 없으니 새로운 광맥을 찾는 외롭고 괴로운 길을 그는 가고 있는 것이다. 외국서적을 들춰봐도 문화가 달라 우리에게 어울리지 않는 유머가 많다고 했다. 그런 그의 노력은 친구들이 알 바 없다. 그저 친구들은 유머 한 수 배워 써먹겠다고 그의 주위에 모인다. 일종의 무임승차하려는 것이다. 그래서 친구가 좋다는 것 아닌가.

흔히 유머하면 외설적이라고 여긴다. 하지만 예술과 외설이 다르듯이 때와 장소, 유머를 구사하는 사람의 인품과 교양에 따라 유머의 품격은 달라지는 것이다. 그가 부부모임의 송년회나 여행시 약간 외설적인 유머도 품위 있게 전달하는 걸 보면 외설은 예술의 경지로 승화될 수 있다는 걸 확인할 수 있다.

그런 그가 책을 썼다. 많은 사람들에게 즐거움을 선사해야할 것 아니냐는 친구들의 권유 때문이다. 물론 라이브로 직접 듣는 유머를 그대로 글로 옮기는 데에는 한계가 있을 것이다. 때와 장소, 듣는 사람과 말하는 사람에 따라 유머의 맛이 다르고, 내용도 내용이지만 분위기에 걸맞게 전달하는 기교, 표정이나 말의 억양에 따라서도 그 맛이 다르기 때문이다. 하지만 진지함과 여유로움을 적절히 섞어가며 살 수 있는 지혜를 이 책 어느 한 대목에서라도 얻을 수 있다면 이 책이 기여하는 바는 분명 클 것이고, 약간 과장해서 말하면 저자는 인류평화에 기여하는 셈이 될 것이다.

"네가 웃으면 세상도 웃는다. 네가 울면 너는 혼자다." 오늘 한 번 크게 웃어보자. 그리고 남을 웃겨보자. 인생이 엄숙하면 할수록 그만큼 유머는 필요하다고 하지 않았는가?

2004년 9월

이 책을 읽으시는 분께

이 책을 읽으시는 분들은 혼자만 웃고 말 것이 아니라 주위사람들한테 보다 재미있게 이야기를 전달해서(delivery) 더욱 많은 사람들을 즐겁게 해줄 수 있으면 좋겠습니다. 그래야 우리사회에도 유머가 공통의 화제거리가 될 수 있는 계기를 만들 수 있을 것입니다.

"들을 때는 무척 재미있었는데 다른 사람한테 옮겼더니 별로 웃지 않아서 썰렁했다."는 말을 그동안 많이 들었습니다. 이는 새로운 소재를 꾸준히 입수하는 노력도 있어야 하지만, 들은 유머를 나름대로 소화해서 다른 사람을 즐겁게 해주기 위해서는 더 많은 노력이 필요하다는 걸 말하는게 아니겠습니까.

유머의 효과적인 전달에 도움이 되도록 이 책에서는 유머를 분야별로 분류하여 수록하였고 전달할 때 필요하다고 생각되는 것에는 별도설명(멘트)을 붙였습니다.

또한 외국인들과 만날 때 활용할 수 있도록 우리 유머를 영어로 옮긴 것 23편과 원래 영어로 된 유머 몇개를 담았습니다.

부록으로 각종 모임에서 자주 등장하는 넌센스 퀴즈 가운데 유머러스한 것을 간추려「넌센스 퀴즈 100선」을 실었습니다. 사회자 역할을 맡았을 때 활용할 수 있을 것이고 단순 참가의 경우도 한번쯤 훑어 보고 가면 상품 하나쯤 건질 수 있는 행운(?)이 따를 수도 있을 것입니다.

끝으로 유머 전달의 어려움을 겪는 분들을 위하여 효과적인 전달 요령을 나름대로 정리해 보았습니다.

과문인지는 모르겠으나 세계 선진국 중 어느 나라보다도 "욕"이 가장 발달(?)한 곳이 우리나라라고 합니다. 미국이나 일본에서의 욕이라야 10여 가지에 불과한데 우리는 열거하기 어려울 정도로 욕의 종류도 많고 또한 지방마다 욕의 내용이나 표현방식도 다르니, 가히 「욕의 천국」이라고 한다면 지나친 표현일까요.

이와 같은 연유로 우리 사회에서 회자되는 유머의 적지 않은 부분이 욕설 자체로 구성되었거나 심한 욕을 매개로 표현되고 있는 것인지도 모릅니다. 게다가 우리 사회의 특이한 분위기 또한 유머의 다양성 결여 내지는 고품격 유머의 생산을 억제시키는 요인이 되고 있습니다. 이 책을 펴내는데 갖는 어려움이 바로 이점이었습니다. 결국 이것저것 다 빼고 뒤탈이 없을 듯한 모범답안 같은 유머에 치우치게 된 것은 아쉬움으로 남게 되었습니다.

수록된 내용 중 필자 스스로의 소재도 없지 않으나 적지 않은 부분이 구전(口傳)이나 인터넷에 오르는 소재와 기타 관련 자료 등을 활용하였습니다. 그런 까닭으로 인용표시를 정확히 할 수 없었던 점을 안타깝게 생각하면서 이점 독자들의 이해를 구하고자 합니다.

또한 이 책의 모든 유머는 어디까지나 유머로써 즐기자는데 목적이 있는 것일뿐 결코 특정 직업이나 지역, 종교, 문화, 정치 등을 비하하거나 훼손시키려는 뜻은 추호도 없는 것임을 밝혀두고자 합니다.

차례

책을 펴내면서
추천의 글
이 책을 읽으시는 분께

1. "삼고초려"와 "조조할인" 19
   — 우리말로도 쉽지 않은 의사소통

2. "이거, 진짭니까 가짭니까" 41
   — 문화의 차이

3. 헤드 업(Head up) 53
   — 골프를 치면서

4. 호텔에서 여인숙까지 67
   — 연구·분석적인 이야기들

5. "너 되게 늙었구나" 103
   — 학교, 학생, 학부모, 선생님

6. 덕담(德談) 119
   — 가정을 지킵시다

7. "스님, 어디 가십니까?" 129
   — 깜빡 깜빡 하지 맙시다

8. "마, 최선을 다해 주시오." 139
   — 식당에서 있었던 일

9. "천지삣깔이" 151
   — 사투리의 묘미

10. "Hello, Mr. Monkey" 167
    — 동물의 세계

11. 가까이 하기엔 너무 어려운 영어 179

12. 봉이 김선달 189
    — 술자리에서나 할 이야기

13. 여러 가지 시리즈 217

14. 브래지어와 팬티,
    그리고 더 재미있는 이야기들 231

15. 다른 나라의 유머 287

16. 영어 유머 305

부 록
I. 넌센스 퀴즈 100선 322
II. 유머를 효과적으로 전달하려면 342

1장

"삼고초려"와 "조조할인"
— 우리말로도 쉽지 않은 의사소통

말 몇 마디 주고받으면 의사소통이 되는 것으로 쉽게 생각하기 쉬우나, 외국어는 고사하고 우리나라 사람끼리 만나서 우리말을 주고받는데도 의사소통이 제대로 안 되는 경우를 자주 보게 된다. 「아」 다르고 「어」 다르다는 말도 의사소통이 얼마나 어렵고 중요한 것인지 일깨워 주는 것이겠다.

의사를 전달하는 사람은 듣는 쪽에서 말 뜻을 충분히 이해하고 소화해서, 기대하는 말이나 행동으로 반응이 나와 주어야 제대로 의사소통이 되었다고 볼 수 있다. 여기에 소개되는 소재들은 잘못될 수도 있는 의사소통의 예를 유머스럽게 구성한 것이다.

근래 우리사회에 IT문화가 급속히 확산되면서 「반갑다」는 좋은 말 대신 「방가방가」, 내용이 없다는 뜻의 「냉무」와 같은 정체불명의 새로운 말들이 계속 생겨나고 순수한 우리말이 실종되는 세태가 안타깝다.

이에 더하여 한자(漢字)교육까지 경시되면서 세대 간의 의사소통이 어려워지는 단계에 이르렀다. 이런 점에서 여기에 수록된 소재를 단순히 웃어넘길 수만은 없지 않을까.

진로
"아"와 "이"
여성과 남성의 자질
도원결의 3형제
전화걸 때 조심합시다
연세대 가는길
고추이야기 I
고추이야기 II
황당한 버스기사
친절한 산부인과 병원
희한한 이력서
국수와 국시의 차이는
사자성어(四字成語) 풀이
충남대와 과기대
필담
박 을수 있어요?
거꾸로 읽어도…
기관원
나, 중이야

진로

어려운 대학에 입학한 뒤로 한 달이 넘도록 거의 매일 술 마시고 늦게 들어오는 아들을 보다 못한 아버지가 어느 날 아들을 불러놓고 「대화」를 시도했다.

"야, 이 녀석아, 너도 이제 대학생이 되었는데 도대체 진로(進路)에 대하여 어떻게 생각하고 있는 거냐?"

"진로요? 그거 몇 년 전에 「참이슬」로 바뀌었는데 많이 순해졌어요."

"아"와 "이"

입의 구조상 "아" 발음이 "이"로 밖에 안 되는 청년이 군에 입대하게 되었다. 야간에 보초를 서고 있는데 순찰 중인 주번사관이 왔다.
주번사관 : "암호!"
보초 : "고구미" (고구마가 암호였다)
주번사관 : "쏜다." (암호가 틀리니)
보초 : "쏘지미." (쏘지마)
결국 주번사관은 총을 쏘게 되었다.
보초가 쓰러지면서 하는 말
"씨필놈… 김진기 보군." (암호가 감자가 보군)

여성과 남성의 자질

요즘 여성들이 너무 설치는 데 분개한 보수파 국회의원이 여성단체 세미나에서 열을 올렸다.
「요즘 우리나라 여성들의 질이 너무 형편없습니다. 때문에 우리 여성들은 질을 더욱 넓혀야 하겠습니다.」
그러자 각 여성단체에서 벌떼처럼 들고 일어났다.
「저놈은 지께 얼마나 굵기에 여성들의 질을 넓히라는 거야? 지가 언제 한국여성들의 질을 다 보았단 말인가?」
사방에서 여론이 비등해지자 이 의원은 정정성명을 냈다.
「제가 보기에 우리 여성들의 질은 그만하면 충분한 것 같습니다. 그보다는 한국남성들의 자질을 키울 필요가 있습니다.」

도원결의 3형제

　유비가 어느 날 갑자기 영화구경이 하고 싶어 관우에게 극장표를 사오라고 일렀다. 옆에 있던 장비가 "형님 제가 갔다 오겠습니다." 하더니 미처 만류할 사이도 없이 휑하니 달려 나갔다.
　장비가 자주 일을 저지르는 것을 알고 있는 유비가 불안해 하면서 기다리고 있었는데 상당시간 지나도 돌아오지 않길래 관우를 다시 극장으로 보냈다. 관우가 당도해보니 장비는 이미 극장문을 부수고 간판을 찢는 등 수라장을 만들어 놓고 고래고래 소리 지르고 있었다. 관우가 어찌된 일이냐고 묻자 장비 왈.
　"형님, 이 새끼들이 글쎄 조조는 할인을 해주고(조조할인) 유비형님은 안 해준다지 뭡니까, 나쁜 놈들이에요."

전화걸 때 조심합시다

어느 친구가 아침에 출근을 하려는데 임신 4개월의 아내가 갑자기 배가 심하게 아프다고 해서 병원에 입원시킨 후 사무실로 갔다.

퇴근길에 들러보려 했는데 중요한 회식자리에 가게 되어 전화를 걸었다. 아내를 입원시킬 때 병실번호가 1305호임을 기억하여 다이얼을 돌려 상대방이 수화기를 들자마자

"아, 거 1305호 어때요?" 했는데 상대방이 "아, 네 1305호요. 그거 아래가 엉망진창이데요." 하는 게 아닌가.

사연인 즉 전화번호가 잘못되어 병원이 아니라 자동차 정비공장으로 걸렸고 전화를 받은 직원은 1305호가 자동차 번호이려니 생각하고 으레껏 대답을 한 것이다. (일단 자동차는 여러군데 나쁘다고 해야 계산이 올라가니까.) 이 친구 전화 잘못 걸린 줄을 모르고 「아래가 엉망」이라는 이야기에 기가 찼지만 다시 물었다.

"아니, 아래가 엉망진창이라니 도대체 무슨 소리요?"

"그냥, 이놈 저놈 막 바꿔 탔나봐요" (자동차라는게 보통 여러 사람이 사용하면 고장이 빨리 나게 되어 있다.)

열 받은 이 친구 전화통에다 소리를 질렀다.

"당신 뭐야? 똑똑히 알고 나서 말하라구!" 여기에 돌아온 대답은 "아유, 사장님, 너무 염려마세요. 제가 잘 고쳐 가지구요 한 번 타보고 괜찮으면 보내드릴게요."

멘트 : 이야기가 끝난 후 「전화를 걸 때는 항상 상대방을 확인합시다!」를 덧붙이도록 합시다.

연세대 가는길

신촌 로터리 근처에서 어느 고교생이 지나가던 노인 분한테 물었다.
"저, 할아버지, 연세대 가려면 어떻게 가나요?"
"뭘 어떻게 가, 이 녀석아. 공부 열심히 해서 수능시험 잘 보면 갈수 있지."

고추이야기 I

할아버지가 고추 푸대를 가지고 버스를 타셨는데 아가씨 앞에 서서 하는 말.
"아가씨, 다리 좀 벌려요."
"할아버지, 왜요?"
"왜긴, 고추 좀 넣으려고 그러지."
그렇게 가다가 버스가 신호등에 걸려 급정거를 하는 바람에 고추 푸대가 쓰러지자 할아버지 왈,
"아가씨, 미안해요. 고추 좀 세워줘…."
한참 가다가 또다시 급정거를 하자 이번에는 고추 푸대가 넘어지면서 고추가 몇 개 삐져나와 바닥에 떨어졌다.
"아가씨, 고추가 빠졌네. 좀 집어 넣어주면 고맙겠구먼."
이 아가씨 얼굴이 홍당무가 되어 얼굴을 들지 못하고 있는데 마침 옆에 앉아 있던 할머니가 하는 말.
"아이구, 할아버지. 고추가 참 탐스럽네요. 나는 어디 가서 저런 고추를 구하나…."

고추이야기 Ⅱ

어느 시골 산 속에 두형제의 가정이 있었다. 산자락에 식용작물을 심어서 쏠쏠하게 수입도 괜찮아 두 가정이 오순도순 잘 지내고 있었다.

어느 장날, 시숙과 제수는 고추를 팔러 장에 갔다. 장이 다 끝나 가는데 제수씨의 고추는 다 팔리고 시숙 고추는 아직 많이 남아 있었다.

걱정이 된 제수씨. 드디어 시숙의 고추를 팔기 시작했는데 마음이 급한지라 큰 소리로 외쳐댔다.

"우리 시숙, 고추 사이소."

"우리 시숙 고추는 크고 좋아예."

"우리 시숙 고추는 살도 많고 달고 맛있어예, 우리 시숙 고추 사이소…."

황당한 버스기사

아이가 버스를 탔다.
아　　이 : "아저씨, 이 버스 어디로 가나요?"
버스기사 : "앞으로 갑니다."
아　　이 : "그럼 여기가 어디죠?"
버스기사 : "차 안입니다."
아　　이 : "지금 장난하는 거예요!!!"
버스기사 : "운전합니다."
목적지에 와서 아이가 앞문으로 내리려는데
버스기사 : "내릴 때는 뒷문으로 내리세요."
약이 오른 아이는
아　　이 : "아저씨, 이 버스에 앞문 뒷문이 어딨어요? 모두
　　　　　　옆문밖에 없는데…."

친절한 산부인과 병원

강남의 어느 큰 산부인과 병원에서는 평균 5~6분 간격으로 신생아가 태어나는데 초조하게 기다리는 가족을 위해 안내방송을 실시하고 있었다. 어느 날 방송내용이 다음과 같았다.

「한남동에서 오신 분, 아들 하나 낳았습니다. 쌍문동에서 오신 분, 쌍둥이를 낳았구요. 세검정에서 오신 분 세 쌍둥이, 사당동에서 오신 분 네 쌍둥이를 낳으셨네요.」

그러자 기다리던 어떤 남자가 한숨을 푹 쉬면서

"큰일났네. 나는 구파발에서 왔는데"

그때 옆의 남자가

"여보슈, 그걸 가지고 뭘 그리 걱정을 하시요. 난, 천호동에서 왔시다."

멘트 : 이야기를 시작할 때 각자 나이에 따라 「얼마전에 손자를 보았는데 딸아이가 해산한 병원에 갔더니」 혹은 「집사람이 얼마전 해산을 하게 되어 병원에 갔더니」를 먼저 언급해서, 듣는 사람들이 실제 경험을 이야기하는 것처럼 시침 뚝대고 하면 더 효과적임.

희한한 이력서

1. 성명 : 김복태
2. 본적 : 누굴 말입니까?
3. 주소 : 뭘 달라는 겁니까?
4. 호주 : 가본 적 없음
5. 성별 : 김
6. 신장 : 두 개 다 있음
7. 가족관계 : 가족과는 절대로 관계를 갖지 않음
8. 모교 : 엄마가 다닌 학교라서 잘 모름
9. 자기소개 : 우리 자기는 아주 예쁨
10. 지원동기 : 우리 학과 상구랑 종식이랑 같이 지원했음
11. 수상경력 : 수상은 커녕 줄반장도 못해봤음

국수와 국시의 차이는

국수는 밀가루로 만들고
국시는 밀가리로 맹기는 것
그러면…
밀가루는 봉투에 담은 것
밀가리는 봉다리에 담은 것

봉투는 침을 발라 만들고
봉다리는 춤을 발라 만든 것

침은 입에서 나오는 것
춤은 아가리에서 나오는 것

입은 머리 아래 있는 것
아가리는 대가리 아래 있는 것

머리는 머리카락이 나는 것
대가리는 머리끄덩이가 나는 것

머리카락은 머리 빗을 때 쓰고
머리끄덩이는 부부싸움 할 때 쓰는 것

사자성어(四字成語) 풀이

    한문(漢文)교육을 경시하다보니 한자 배울 기회가 없었던 젊은세대들의 사자성어 풀이는 다음과 같다고 한다.

· 삼고초려(三顧草廬) : (고스톱판에서) '쓰리고'를 할 때는 초단을 조심(염려)하라.
· 개인지도(個人指導) : 개가 사람을 가르친다.
· 남존여비(男尊女卑) : 남자가 존재하는 한 여자는 비참하다.
· 임전무퇴(臨戰無退) : 임산부 앞에서는 침을 뱉지 않는다.
· 천고마비(天高馬肥) : 천 번 고약한 짓을 하면 손과 발이 마비 된다.
· 천재지변(天災地變) : 천 번 봐도 재수 없고 지금 봐도 변함없는 사람
· 난형난제(難兄難弟) : 형 노릇하기도 어렵고 아우 노릇하기도 어렵다.
· 만사형통(萬事亨通) : 모든 일은 형을 통해야 이루어진다.
· 중과부적(衆寡不敵) : 중이 과부 맛을 알면 적수가 없다.
· 이심전심(以心傳心) : 이○○가 심심하면 전○○도 심심하다.
· 부전자전(父傳子傳) : 아버지가 전씨면 아들도 전씨다.
· 박학다식(博學多識) : 박사와 학사는 밥을 많이 먹는다.
· 죽마고우(竹馬故友) : 죽치고 마주앉아 고스톱만 치는 친구들
· 요조숙녀(窈窕淑女) : 요강에 조용히 앉아 있는 숙녀
· 유비무환(有備無患) : 비 오는 날에는 환자가 없다

- 전라남도(全羅南道) : 옷을 홀딱 벗은 남자의 그림
- 호로자식(胡虜子息) : 러시아를 좋아하는 사람
- 고참사원(古參社員) : 고상하지도 않으면서 참견만 하는 사원
- 만수무강(萬壽無疆) : 만수네 집에는 요강이 없다.
- 동문서답(東問西答) : 동쪽 문을 닫으니 서쪽이 답답하다.
- 구사일생(九死一生) : 구차하게 사는 한 평생
- 발본색원(拔本塞源) : 발기는 본래 섹스의 근원이다.
- 변화무쌍(變化無雙) : 변절한 화냥년은 무조건 쌍년이다.
- 새옹지마(塞翁之馬) : 새처럼 옹졸하게 지랄하지 마라.
- 아편전쟁(阿片戰爭) : 아내와 남편 사이에 벌어지는 부부싸움
- 절세미녀(絶世美女) : 절에 세 들어 사는 미친 여자
- 고진감래(苦盡甘來) : 고생을 진탕하고 나면 감기 몸살이 온다.
- 침소봉대(針小棒大) : 잠자리에서는 봉(?)이 대접을 받는다.
- 사형선고(死刑宣告) : 사정과 형편에 따라 선택하고 고른다.
- 좌불안석(坐不安席) : 좌우지간에 불고기는 안심을 석쇠에 구어야 제 맛이다.
- 군계일학(群鷄一鶴) : 군대에서는 계급이 일단 학력보다 우선이다.
- 붕우유신(朋友有信) : 붕어는 우측에, 유과는 신선한 것을 놓아라. (제삿상 차릴 때)
- 갑신정변(甲申政變) : 갑자기 신 것을 먹으면 정말로 변이 나온다.
- 오리무중(五里霧中) : 오리가 무밭에 들어가면 중심을 잃는다.

충남대와 과기대

대전 시내버스에 할머니가 앉아 가는데 대학생 두 사람이 책가방을 들고 할머니 앞으로 와 섰다. 할머니가 손주 생각도 나고 해서 두 학생의 가방을 받아 무릎에 올려 놓으며 차례로 물었다.

할머니 : "학생은 어느 학교 다니는겨?"
학생A : "예, 저는 충남대에 다닙니다."
할머니 : "응. 공부를 썩 잘했구먼, 그럼 학생은?"
학생B : "예, 저는 과기대(科技大)에 다닙니다."
할머니 : "과기대라니?"
학생B : "과학기술대학입니다."
할머니 : "그려, 공부가 시원치 않으면 일찍 기술이라도 배워야지. 열심히 혀!"

필담

신문기자 한 사람이 취재차 대만에 갔다가 이발을 하게 되었다. 어렵사리 물어서 이발소에 갔는데 이 친구는 중국어가 안 되고, 이발사는 영어가 안 되어 난감하게 되었다. 도저히 의사소통이 안되자 생각 끝에 필담(筆談)을 했다. 틀림없이 이발사의 질문은

「어떻게 깎아 드릴까요?」일테니 지금 스타일대로 깎아 달라는 뜻으로 메모지에 한자로 썼다.

"舊態依然"(구태의연)

이발사가 알았다는 듯이 고개를 끄덕거리더니 제대로 깎아주었다.

저녁에 술 한잔 대접받게 되었고 술자리가 끝나갈 무렵 옆의 아가씨와 재미 좀 보려는데 역시 의사소통이 어려웠다. 또 다시 필담으로 했는데 이번에는 6글자를 썼다.

今夜同寢如何(금야동침여하 — 오늘 저녁 같이 자면 어떻겠냐?)

아가씨가 웃으면서 "하오(O.K)" 했다고.

박 을수 있어요?

회사 안에서 바람둥이로 소문난 남자 직원의 통화 내용이 하도 요상해서 옆의 여직원이 귀를 기울였다.
"누나, 박 을수 있어요?"
"예? 박 을수 없다구요?"
"그럼 언제 박 을수 있나요?"
"저녁 10시나 되어야 박 을수 있다구요?"
"그럼 나중에 박 을수 있을 때 다시 할게요."
전화를 끊은 남자 직원은 메모지에 무엇인가를 적어 책상위에 놓고 잠깐 자리를 비웠다. 궁금해진 여직원이 속으로 「자식, 되게 원색적으로 놀고 있네」 하면서 메모지를 보니
「박을수 출타 중. 밤 10시경 귀가」

거꾸로 읽어도….

토마토
기러기
내아내
다들 잠들다
통술집 술통
아 좋다 좋아
자지 만지자
자지만 만지자
다시 합창 합시다
소주 만병만 주소
다 이뿐이 뿐이다
여보 안경 안 보여
자 빨리 빨리 빨자
홀아비집 옆집 비아홀
나가다 오나 나오다 가나
다시 올 이월이 윤이월이 올시다
가련하시다 사장집 아들 딸들아 집장사 다시 하련가

기관원

야간 통금이 있고 기관원이 펄펄했던 시절에 실제 있었던 일.
밤 늦게까지 야근하던 모 은행의 대리가 통금시간이 넘었지만 귀가하려고 나섰다가 순찰 경찰한테 검문을 받게 되었다.
"뭐하는 사람이요?"
"나, 기관원이요."
"아, 그러세요. 죄송합니다만 일단 신분증을 보여 주십시오."
은행신분증을 확인한 경찰이 어이없다는 듯이
"이거 뭐야, 당신 은행원이잖아. 근데 왜 기관원을 사칭하는 거야?"
"저, 금융기관원이라는데 뭐 잘못됐습니까?"

나, 중이야

젊은 스님이 목욕탕에서 목욕을 하다 옆에 있는 학생한테 부탁했다.
"이봐, 나 등 좀 밀어줘."
"넌 뭔데 반말이야?"
"나, 중이야."
학생이 스님을 째려보며 기가 차다는 듯이 내뱉었다.
"야, 임마, 난 중3이야!"

2장

"이거, 진짭니까 가짭니까"
— 문화의 차이

세계 여러 곳을 여행 하다 보면 나라마다 문화가 달라서 웃기는 일이 자주 벌어진다. 또한 민족마다 서로 다른 특성들이 있어서 동일한 상황에서 나타나는 행동양식이나 같은 현상에 대한 반응도 다양해서 매우 흥미로울 때가 많다. 여기에 소개되는 소재들 가운데 몇 개쯤은 어느 정도 친숙한 관계의 외국인을 만나는 자리에서 활용할 수 있겠다.

민족성을 알아보려면
맥주 문화
사람을 알아보는데는…
자존심 I
자존심 II
위대한 한국인
활쏘기 시합
한국인의 급한 성질 BEST 10
빨리빨리의 문화
전화의 역사

민족성을 알아보려면

간단한 물건 하나 사는데도 사람마다 나름대로 특성이 나타난다.
미국인   : "이거, 최신식입니까."
독일인   : "이거, 견고합니까."
프랑스인 : "이거, 최신 유행하는 겁니까."
일본인   : "이거, 싼 겁니까, 비싼 겁니까."
한국인   : "이거, 진짭니까, 가짭니까."

멘트 : 우리는 너무 많은 가짜가 판치는 사회에서 너무 많이 속으면서 살아가고 있으니.

※ 영어로 옮겨져 있음. ■☞ 16장 영어유머편(1)

맥주 문화

여러 나라 사람이 맥주집에서 만나 생맥주 한 잔씩 마시게 되었는데 공교롭게 맥주잔마다 파리가 한 마리씩 빠졌다. 이때의 반응이 각기 다른데….

　미국인 : 맥주를 다 쏟아 버리고 다시 한잔 사서 마신다.(역시 부자답다.)

　독일인 : 파리만 건져내고 맥주를 다 마신다.(워낙 맥주를 좋아해서)

　일본인 : 파리를 건져내고 맥주는 맥주대로 파리는 파리대로 돈 받고 판다.(맥주는 독일인에게 파리는 인디오에게)

　인디오 : 파리를 건져내고 맥주 마신 뒤 건져낸 파리를 안주로 먹는다.(물론 독일인이 건져버린 파리도 두 번째 안주로 먹는다.)

한국인 : 두 가지 타입이 있다.

A : 맥주잔 들고 구석에 가서 파리를 건져낸 다음 파리를 쥐어짜며 "다 토해내 이놈아, 비싼 술을 왜 니가 처먹어?"

B : 파리 건져내고 맥주 다 마신 다음 주인 불러서 "야, 이 새꺄! 어떻게 생맥주에 파리를 넣어 파냐."고 호통 친 다음 다시 한잔 공짜로 받아 마신다.

사람을 알아보는 데는…

미국 사는 교포 청년이 어쩌다가 남자들의 나체 파티에 초대되었다. 수십 명의 남자들이 나체로 술 마시고 춤추며 놀고 있었는데 갑자기 숙녀 몇 명이 들어섰다.

순간, 놀란 미국남자들이 모두 아랫도리를 손으로 가렸는데 우리 교포 한 사람만은 손으로 얼굴을 가렸다.

숙녀들이 나간 후 옆에 있던 미국 남자가 물었다.

"아니 당신은 숙녀가 왔으면 아랫도리를 가려야지. 왜 얼굴을 가리는 거요?"

"뭘 모르시는구만. 당신네 미국인들은 아랫도리를 보면 그 사람이 누구인지 알아본단 말이요?"

자존심 I

냉전시대에 소련에서 미국을 놀래주려고 어려운 상품주문을 했다.

「직경 9.5cm, 길이 30cm의 콘돔 100만 상자를 일주일내에 만들어 보내 달라.」

당연히 불가능할 것이라고 생각했는데 정확히 일주일 안에 콘돔 100만 상자가 공수되어 왔다. 그런데 그들을 더욱 놀라게 한 것은 포장지에 표시되는 상품 명세였다.

「직경 9.5cm, 길이 30cm, Small Size, Made in U.S.A.」

자존심 II

자존심 강한 미국이 정밀공업기술이 뛰어난 스위스에 어려운 상품 주문을 위하여 텔렉스로 문의 전문을 보냈다.

「길이 30cm, 직경 1/100mm 가느다란 철사 백만 개를 일주일 내에 공급해 줄 수 있는가.」

이에 대한 스위스 측의 회신이 미국의 자존심을 짓밟았다.

「물론이다. 그런데 그 철사 양쪽 끝에 1/1000mm 크기의 구멍을 세 개씩 뚫을 필요는 없는가?」

위대한 한국인

어느 날 호화여객선이 태평양 한가운데서 침몰하게 되어 승객들이 저마다 구명보트에 먼저 타려고 난리였다. 첫 번째 구명보트에 12명이 타자 선원이 소리쳤다.

"3명만 내리면 나머지 9명은 다 살수가 있습니다. 여러분! 3명만 내려주십시오."

순간 사람들은 모두 망설일 수 밖에 없었다. 3명만 죽을 것인가 아니면 모두 다 죽을 것인가 기로에 서게 되었으니까.

이때 별안간… 프랑스인이 일어서더니 "죽음도 예술이다!" 하면서 바다로 뛰어 들었다. 그러자 미국인이 벌떡 일어서더니 "세계 최강의 위대한 U.S.A 만세!" 외치면서 뒤를 이었다. 나머지 사람들이 망설이고 있는데 자랑스런 한국인이 벌떡 일어서더니 큰 소리로 "대한 독립 만세!"를 외치면서 옆에 있던 일본인을 날쌔게 바다로 집어던졌다.

멘트 : 구명보트는 정원이 9명(구명)이라 구명보트다(?)

활쏘기 시합

세 나라 사람이 활쏘기 시합을 했다. 서 있는 사람 머리 위에 있는 사과를 활로 쏘아 맞추기였다.

첫 번째 사람이 50미터 떨어진 곳에서 사과를 정통으로 맞혔다. 그리고 나서 말했다.

"아이 엠 윌리암 텔(William Tell)"

두 번째 사람은 100미터 밖에서 머리 위에 사과를 맞추었다. 그 사람이 말했다.

"아이 엠 로빈훗(Robin Hood)"

세 번째 한국 사람이 20미터 떨어진 곳에서 활을 쏘았는데 화살은 사과 대신 서 있는 사람의 가슴을 맞추었다. 그러고 나서 점잖게 한마디 했다.

"아이 엠 쏘리."

한국인의 급한 성질 BEST 10

1. 선진국 사람 : 버스는 정류장에 서서 기다리다 천천히 차례대로 승차한다.
   한국 사람 : 기다리던 버스가 오면 일단 도로로 내려간다. 종종 버스와 추격전이 벌어진다. 문이 열리기도 전에 문에 손을 대고 있다.(그러면 빨리 열리냐?)
2. 선진국 사람 : 인도에 서서 '택시' 하며 손을 든다.
   한국 사람 : 도로로 내려가 택시를 따라 뛰어가며 문 손잡이를 잡고 외친다. '양재동!!' 또는 '따불'.
3. 선진국 사람 : 야구는 9회말 투아웃부터. 힘내라, 우리편!(끝까지 응원한다.)
   한국 사람 : 다 끝났네, 나가자.(9회말 투아웃쯤이면 관중이 반으로 줄어있다.)
4. 선진국 사람 : 그 영화 어땠어? 연기는? 내용은?
   한국 사람 : 아, 됐어. 그래서 끝이 어떻게 되는데!!
5. 선진국 사람 : 자판기 커피가 다 나온 후 불이 꺼지면 컵을 꺼낸다.
   한국 사람 : 자판기 커피 눌러놓고, 컵 나오는 곳에 손 넣고 기다린다. 가끔 튀는 커피에 손을 데기도 한다.
6. 선진국 사람 : 아이스크림은 혀로 핥으며 천천히 먹는다.
   한국 사람 : 아이스크림은 베어 먹어야지 핥아먹다간 벌떡증 걸린다.
7. 선진국사람 : 화장실 들어가서 변기 앞에 정위치로 선 후에 지퍼를 내린다. 일 끝내고 지퍼 올린 후 손 씻은 다

음 거울 앞에서 매무새를 한번 보고 여유 있게 나온다.

　　한국　사람 : 화장실 입구에 들어가면서 우선 지퍼부터 열고 변
　　(남자)　　　 기에 다가간다. 물론 일 끝낸 후에도 화장실을 나
　　　　　　　　 오면서 지퍼를 올린다. 즉 화장실에 머무는 시간을
　　　　　　　　 최소화 한다.

8. 선진국사람 : 한 사람이 티잉그라운드에 올라가서 다 치고 내
　　(Golfer)　　 려오면 그 다음 사람이 여유 있게 올라간다.
　　한국　사람 : 티잉그라운드에 플레이어 한 사람만 올라가라는
　　　　　　　　 팻말이 있음에도 무시하고 일단 4명이 다같이
　　　　　　　　 티잉그라운드에 올라갔다가 캐디의 주의를 받아
　　　　　　　　 야 내려온다.

9. 선진국 사람 : 엘리베이터 문이 열리고 나서, 안에 있던 사람
　　　　　　　　 이 다 나오면 어린아이, 여성부터 타게 한 후 여
　　　　　　　　 유가 있으면 차분히 탄다.
　　한국　사람 : 문이 열리자마자 내리는 사람들 틈으로 비집고
　　　　　　　　 들어간다. 기다리는 사람들이 많을수록 돌진의
　　　　　　　　 동작이 더 날쌔다.

10. 선진국 사람 : 식당에 가면 웨이터가 물부터 따라놓고 메뉴를 갖
　　　　　　　　 다 준 뒤 잠시 후에 다시 와서 결정했는지 묻고 차
　　　　　　　　 근차근 주문을 받는다. 물론 식사도 나오는 대로 여
　　　　　　　　 유 있게 마친다.

한국 사람 : 자리에 앉기가 무섭게 종업원이 메뉴를 갖다 놓으며 "뭘 드시겠어요?"하고 묻는다.(메뉴를 볼 틈도 안 준다.) 일행들에게 일일이 뭐 먹냐고 묻고 느릿느릿 주문한다. 음식 나오기 전에 몇 차례 음식 안나오느냐고 채근한다. 재촉을 많이 한 사람일수록 물론 계산대에는 되도록 늦게 간다.

빨리빨리의 문화

우리 한국 사람들 성질 급한 것은 한국 여행객이 많은 나라에서는 다 알고 있다. 오죽하면 중국이나 태국 등에서는 한국 사람만 보면 「빨리빨리」일까.

어느 친구가 오후 두 시쯤 중국식당에 들어갔다. 손님도 없는데 습관대로 자장면 한 그릇을 시키자마자 "빨리빨리" 하고 재촉이 성화같았다. 화가 난 식당 주인이 식탁 위에 자장면, 양파, 젓가락을 내던지듯 탁탁 갖다 놓으면서 한마디 내뱉었다.

"빨리빨리 먹어!"

전화의 역사

얼마 전 미국의 고고학자들이 지하 50미터쯤 파고 내려가다가 작은 구리 조각을 발견했다. 그러자 미국은 1만년 전에 전국적인 전화망을 가지고 있었다고 발표했다.

이에 자존심이 상한 러시아에서는 고고학자들을 시켜 더 깊이 파보라고 했다. 러시아 학자들은 지하 100미터쯤에서 작은 유리 조각을 발견했다. 그러자 러시아는 2만년 전에 전국적인 광통신망을 가지고 있었다고 발표했다.

이런 소식들에 열 받은 한국.

고고학자들을 시켜 300미터나 파내려 갔으나 아무것도 발견하지 못했다. 그러나 한국은 당당하게 다음과 같이 발표했.

「우리는 5만년 전에 이미 휴대전화 통신망을 갖추고 있었다.」

※ 영어로 옮겨져 있음 ■☞ 16장 영어유머편(2)

3장

헤드 업(Head up)
― 골프를 치면서

부부 동반 모임인 경우 골프에 관한 조크는 이렇게 시작하는 것도 좋을 듯 하다.

「부인들께 부부 싸움 하다가 남편이 열 받아서 골프채를 들어 때리려고 할 때 피하는 요령 한 가지 일러 드리겠습니다. 남편이 골프채를 번쩍 들어 치려고 하면 정색을 하고 남편을 보면서

"여보, 당신 어깨에 힘이 너무 들어갔어요." 라고 한 마디 던집니다.

그러면 남편은 "어, 그래?" 하면서 자세를 바로 잡을 겁니다」

우리 사회에서 골프는 아직도 대중화 되어 있지 않다. 따라서 여기에 소개되는 골프 이야기는 듣는 사람들의 구성을 보고 대부분이 골프를 치는 경우에 활용해야 한다. 특히 여성들만 있는 자리에서는 더욱 신경을 써야 된다. 골프를 안 하는 경우 유머의 내용도 재미없으려니와 자칫 위화감을 조성할 수도 있기 때문이다.

헤드 업(Head up)
골프에서 100을 쉽게 깨는 요령
골프광
홀인원 하는 건데
일본에서의 골프
무식한 골퍼
퍼팅 습관
어프로치샷
내기 골프
골프 용어
미인과의 골프

헤드 업(Head up)

   싱글 핸디 실력의 골퍼와 핸디 30인 친구가 같은 카트를 타고 골프를 치게 되었다. 카트의 운전은 당연히 핸디 30인 친구 몫이었는데 그날따라 잘 치는 친구 앞에서 주눅이 들어 어차피 골프 치는 재미는 포기하고 카트를 씽씽 몰아대는 데 더 열중하고 있었다.
   마침내 내리막길에서 실수하여 카트가 연못에 빠지는 사고가 났는데 조금 있다보니 싱글 플레이어는 빠져 죽고 핸디 30인 친구만 살아나왔다. 이유는 지극히 간단했다.
   핸디 30인 친구는 물에 빠져서도 머리를 들었으니까.

멘트 : 장님도 골프 칠 때는 머리를 든다고 할 만큼 골프 스윙하면서 머리 안 드는 것은 어려운 법입니다.

※ 영어로 옮겨져 있음. ■☞ 16장 영어유머편(3)

골프에서 100을 쉽게 깨는 요령

　골프가 뜻대로 안되어 걱정스러운 사람들은 충청도 지방에 있는 D골프장을 가면 된다고 한다. 어느 친구의 경험담.
　이곳은 상당수의 40~50대 아주머니들이 캐디(도우미)로 봉사하는데 골퍼가 트리플보기(Triple Bogey)를 하면 보기(Bogey)로, 따블보기(Double Bogey)를 하면 파(Par)로 적는 등 스코어 기록이 엉망이라 한마디 했다고.
　"아주머니, 거 스코어 좀 잘 적으시오." 이에 대한 캐디 아주머니의 답인 즉슨,
　"야~, 사장님 너무 걱정마세유. 섭섭지 않게 적어드릴 것이구만유."
　그리하여 이 D골프장에서는 절대로 100을 넘는 스코어는 안 나온다고.

　멘트 : 과연 양반다운 매너가 아닌가.「섭섭지 않게」를 강조해서 말한다.

골프광

골프에 잔뜩 미쳐있는 친구가 어느 날 라운드 도중 4번째 홀에서 퍼팅이 끝난 순간 핸드폰이 울려 받아보았더니 아들 녀석 전화인데 엄마가 갑자기 큰 교통사고를 당하여 의식을 잃은 채 병원으로 실려 갔다는 긴급 연락이었다.

골프 행장을 챙겨 갈 준비를 하니 같이 라운딩하던 친구들이 무슨 일이냐고 물었다.

"애 녀석 전화인데 마누라가 교통사고로 응급실에 실려 갔는데 의식이 없다는군. 나 좀 얼른 가 보아야겠네."

"그래, 빨리 가봐야지." 친구들이 서둘러 채근해 주었다.

이 골프광 집으로 갔는 줄 알았는데 나중에 알고 보니 골프 가방을 들고 앞 팀으로 달려가 "미안합니다. 교통사고로 집사람이 다 죽게 되었다는데 나 좀 먼저 치게 해 달라."고 사정해서 결국 18홀을 다 마치고 집으로 갔다고.

멘트 : 취미도 이쯤 미치면 곤란하지요.

홀인원 하는 건데

핸디 30이 훨씬 넘는 골퍼가 어느 날 파3 쇼트홀에서 친 볼이 나뭇가지를 건드린 다음 조그만 바위에 맞아 튀더니 어랍쇼, 볼은 신기하게도 깃발 쪽으로 굴러가다가 그만 애석하게도 홀컵 바로 앞에서 멈췄다. 골퍼는 매우 아쉬운 듯 중얼거렸다.

"야! 조금만 더 세게 치는 건데…."

멘트 : 자리에 따라 마지막 구절을 영어로 "I should have hit it just a little bit harder."를 덧붙이는 것도 좋을 듯

※ 영어로 옮겨져 있음.   16장 영어유머편(4)

일본에서의 골프

어느 경상도 친구가 처음으로 일본에서 골프를 치게 되었다. 일본의 경우 많은 골프장에서 40~50대 여성들이 도우미를 하고 있는데 직업의식이 매우 투철해서 언제나 플레이어들에게 최선을 다하는 모습을 보여준다. 일본에서 골프가 처음인데다 지긋한 나이의 여성 캐디 앞에서 치려니 제법 신경이 쓰였는지 첫 홀 첫 번째 친 볼이 오른쪽으로 휘어 날아갔다.("슬라이스")

기분이 상한 이 친구, 한국 같으면 바로 육두문자가 나왔을텐데 외국인데다 여성 캐디 앞이라 약식으로 내뱉었다.

"니기미" (뒤에 C~8을 생략하고)

캐디가 들으니 언뜻 일본말 같기도 한데 모르는 말이라 정중하게 질문

"니기미가 난데쓰까." ("니기미"가 무슨 뜻입니까")

난처해진 이 친구 사실대로 "욕"이라고 말할 수는 없고 얼른 둘러대었다.

"「니기미」는 한국말로 볼이 오른쪽으로 날라가는 즉, 영어의 Slice를 뜻한다."고 설명

직업의식이 투철한 일본여성 캐디는 두 번째 홀로 옮겨가는 동안, 속으로 열심히 외웠다. 「니기미는 슬라이스, 니기미는 슬라이스」하고.

두 번째 홀에서는 좀더 차분하게 치려고 애쓴 결과 볼이 살짝 오른쪽으로 날라갔다. 그러자 캐디가

"좃도 니기미데쓰네." (약간 슬라이스네요.)

세 번째 홀에서는 열 받은 이 친구가 친 볼이 아주아주 오른쪽으로 날라갔다. 캐디가 마무리했다.

"닥상 니기미데쓰요." (많이 많이 슬라이스네요.)

무식한 골퍼

좀 무식한 어느 그룹의 회장이 그룹 내 사장들과 골프를 치게 되었다. 뭘 좀 보여 주겠다고 첫 홀에서 티샷을 하기 전에 한가운데 앞쪽 산등성이를 가리키며 한마디 했다.

"내가 저 산등성이 「심조불산」 팻말 쪽으로 볼을 치겠네." 큰 소리치고 휘둘렀다.

그런데 볼은 오른쪽으로 슬라이스가 되었다. 회장이 오른쪽 산에 있는 팻말을 보더니 "어라, 「호보연자」네." 했다.

이어서 A사장이 쳤는데 이번에는 볼이 훅이 되어 왼쪽으로 날라갔다. 회장이 왼쪽 산 팻말을 보더니 「수군인용」이라고 하지 않는가.

조금 지나서 사장들은 회장의 말 뜻을 이해하고 실소하고 말았다.

회장은 산 위에 있는 「산불조심」「자연보호」「용인군수」를 거꾸로 읽었던 것이었다.

퍼팅 습관

여고 동창생 넷이서 자주 골프를 치는데 그 중 하나가 퍼팅 습관이 특이했다. 어느 날 골프 끝난 후 밥을 먹으면서 친구가 물었다.

"얘, 너는 왜 퍼팅할 때 자세가 일정치 않고 날에 따라 다르냐?"

"어떻게 다른데?"

"그 동안 보니까, 너는 어떤 날은 공 앞에 오른발을 디디고 퍼팅을 하고 어느 날은 공 앞에 왼발을 디딘 채 퍼팅을 하던데 무슨 이유가 있는 거냐?"

"응, 그거… 난 말이야, 골프 치는 날은 자리에서 눈을 뜨자마자 옆의 남편 거시기를 만져보아 오른쪽에 있으면 그 날은 공 앞에 오른발을, 아니고 거시기가 왼편으로 누워있으면 공 앞에 왼발을 놓고 퍼팅을 하지."

"얘, 그럼 네 신랑 거시기가 가운데 있는 날도 있을꺼 아니야. 그런데도 네가 공을 양쪽 발 가운데 놓고 퍼팅하는 것은 본 일이 없는데…."

"야, 그런 날은 내가 왜 골프를 치니. 골프보다는 그거 하는 게 더 낫지."

어프로치샷

　80대 초반의 실력을 가진 어느 골퍼가 바람이 꽤 부는 날 그린까지 100여 미터 앞에서 어프로치 샷을 하게 되었다. 늘 그렇듯이 치기전에 바람의 방향과 강도를 알아보려고 잔디를 한 움큼 뜯어서 날려보았다. 공교롭게 잔디가 조금밖에 안 뽑힌데다가 바람의 방향도 다소 요상해서 잘 알 수가 없었다. 다시 한번 확인해야 되겠다고 생각하고 이번엔 잔디를 최대한 많이 잡고 확 잡아 당겼다. 그 순간 갑자기 눈에서 확 불이 나면서 뺨이 얼얼한 것 아닌가. 후다닥 일어나보니 꿈을 꾼 것이었고 잔디를 뜯는다는게 그만 와이프의 아랫도리 것을 확 잡아 당긴 것이었다.

　　멘트 : 와이프가 얼마나 아팠으면 남편의 따귀를 때렸을까.

내기 골프

어느 날 60대 노신사가 자주 다니던 술집 마담과 마음먹고 골프를 치게 되었다. 맨입으로 치자니 싱거울 것 같아서 한 타에 5,000원짜리 내기를 하기로 했다.

결과는 신사의 완패였다. 마담은 티샷, 벙커샷, 퍼팅 등 모든 면에서 한수 위였다. 적지 않은 돈을 잃은 신사는 금전적 손실 외에도 남자의 체면(?)상 도저히 견딜 수가 없었다. 궁리 끝에 신사는 절대 질 수가 없는 내기 한 가지를 더 하자고 하였다. 그것은 소변 보면서「누가 더 멀리 나가나」를 겨루는 것이었다.

당연히 마담이 거절할 줄 알았는데 흔쾌히 받아들였다. 단, 내기 골프의 연장선상에서 골프규칙에 따라「절대 노터치(No Touch)」한다는 조건으로.

불행하게도 노신사는 이마저 지고 말았다.

멘트 : 나이가 나이인지라.

골프 용어

 골프라는게 서양 운동이라 골프와 관련해서 쓰는 용어도 외국어가 대부분이다. 그러다보니 입에서 입으로 잘못 전해져 엉뚱하게 사용되는 경우를 자주 겪는다. 어느 골퍼의 이야기.
 「집에서 조금 늦게 출발했더니 "콜게이트"(톨게이트, 콜게이트는 미국제 치약 브랜드다.) 앞에서 차가 밀려 아슬아슬하게 "콜프장"에 도착했어. 그런데 오늘 "콘티숀"(Condition)이 안 좋았는지 1번 "도그레"(Dogleg)홀에서 도라이바(Driver)를 쳤는데 슬라이(Slice)가 나더군. 그래서 3번 "아이롱"(Iron)에 "스프링"(Spin)을 꽉 먹여서 쳤는데 뽈이 "훼나웨이"(Fairway)를 지나 그린 "에치"(Edge)에 떨어지는가 싶더니 "훅나이"(Hook lie)에 "킥"이 되어 "홀캡(Hole cup)을 살짝 지나가더군.」

미인과의 골프

3명의 건달들이 라운딩을 시작하려는 순간, 늘씬한 아가씨가 함께 플레이를 할 수 있겠는지 물어왔다. 풍만한 몸매와 연신 매력적인 웃음을 뿌려대는 아가씨의 요청을 마다할 건달들은 아무도 없었다. 미끈한 다리를 연신 훔쳐보며 라운딩을 하던 건달들은 마지막 홀에 이를 때까지 자기 스코어를 제대로 기억하는 사람이 아무도 없을 만큼 온통 여자에게만 정신이 팔려 있었다.

파4인 18홀 그린. 3번 만에 그린에 공을 올려놓은 여자가 15미터쯤의 퍼팅을 남겨두고 건달들을 향해 혼잣말을 했다.

"여기서 파 퍼팅이 성공할 수 있는 비결을 가르쳐 주는 사람과는 하룻밤을 같이 지낼 수 있을텐데…."

그러자 첫 번째 건달이 기다렸다는 듯, 팔을 걷어붙이고 나섰다.

"롱 퍼팅이라고 겁을 먹지 마시고 바로 1미터 앞, 여기로 공을 똑바로만 보내세요. 이 지점이요. 아셨죠?"

두 번째 사나이가 코웃음을 치며, 홀컵 옆에서 조언했다.

"그렇게 치면 오른쪽으로 형편없이 벗어나고 말거요. 경사가 제법 있으니까 홀 컵 30센티미터 왼쪽을 겨냥해서 퍼팅을 하셔야 합니다."

이 때, 잠시 머뭇거리던 세 번째 건달이 색깔있는 미소를 지으며 천천히 여자에게 다가갔다.

"그건 전혀 어려운 일이 아니죠."

그는 곧바로 여자의 공을 집어들고 말했다.

"오케이에요. 오케이. 기브를 드리죠. 자, 어느 호텔로 갈까요?"

4장

호텔에서 여인숙까지
― 연구 · 분석적인 이야기들

　일상에서 흔히 볼 수 있는 현상, 자주 사용하는 용어 또는 일상적인 행동 등을 무심히 보아 넘기지 않고 나름대로 관찰 · 분석 등을 통하여 체계화 시킨 내용들을 연구 · 분석적인 이야기로 정리하여 소개한다.

　소재의 상당 부분은 원고를 보고 읽되 감정을 실어야 한다. 외워서 하기에는 내용이 길고, 잘못 이야기 하면 재미를 반감시킬 위험이 크기 때문이다.

　조직 내에서 회의를 할 때 부드러운 분위기(Rapport)의 조성을 위하여 회의 주재자가(CEO든 중견 간부이든) 모두 발언(Opening)으로 한 가지쯤 ― 예컨대 「콘돔과 브래지어에 관한 소고(小考)」나 「소주 한 병이 7잔인 이유」와 같은 소재― 활용하면 효과적일 것이다.

　여기에 소개된 소재 중 일부는 넌센스 퀴즈로 응용할 수도 있다.(넌센스 퀴즈 21, 22, 23 참조)

손주 떼어내기
예술과 외설의 차이
시골 변소에서 변보는 요령
대책 없는 년 시리즈
세대별 얄미운 여자
지정학적으로 본 연령별 여성 변천사
불쌍한 남자
코딱지에 얽힌 감정
담배에 얽힌 감정
남자들 쉬~이 스타일
방귀를 통한 인간성 분석
여자와 무의 공통점
여자와 라면의 공통점
마누라와 팝콘의 공통점
정치인과 개의 공통점
호텔에서 여인숙까지
콘돔과 브래지어에 관한 소고(小考)
아이들에게 고스톱을 가르쳐야 하는 이유
고사성어(故事成語) I
고사성어(故事成語) II
소주 한 병이 7잔인 이유
기쁨. 슬픔. 분노. 황당
엘리베이터 안에서의 여러 가지 감정
당황. 황당. 용기 그리고 오기
노래방 꼴불견
초보 운전자의 경고문
새로 나온 국어사전
새로운 머피의 법칙(Murphy's law)
화장실 낙서

손주 떼어내기

멘트 : "처음 할아버지, 할머니가 되면 친손이든 외손이든 손주들이 무척 귀여우나 차츰 시간이 가면서 「올 때는 반갑고 갈 때는 더 반가운」 대상으로 바뀌게 된다. 그만큼 손주 봐주기도 힘드는 일이다. 더구나 아이 엄마가 직장을 가지고 있으면 자칫 하루종일, 일 년 열두 달 손주들 치다꺼리로 세월을 보내야 하니 보통일이 아니다. 힘든 할아버지, 할머니를 위하여 손주를 멀리하는 요령을 알려드린다."

1단계 : 손주 보면서 계속 진한 사투리를 가르쳐준다. 아빠, 엄마가 저녁 때 애 만나서 이야기 하다가 애가 "어무이요. 내 오늘 할배하고 어쩌구 저쩌구." 하고 말하게 되면 할아버지, 할머니한테 손주 맡기는 문제를 심각히 고민하게 된다. 그래도 안 되면 다음단계로 들어간다.

2단계 : 식사 때마다 음식을 입에 넣어 잘근잘근 씹은 다음 숟가락에 조금씩 담아서 손주한테 "어유, 귀여운 내 새끼 많이 먹어라." 하면서 먹여준다. (대개의 경우 특히 애 엄마는 기겁을 한다.)

3단계 : 낮에 데리고 놀면서 고스톱을 열심히 가르쳐 준다. 퇴근한 아빠한테 화투짝 들고 가 "아빠, 고스톱 한판 치자." 고 하면 놀랄 수밖에.

예술과 외설의 차이

· 보면서 눈물이 나면 예술, 군침이 돌면 외설
· 애인과 같이 보면 예술, 친구와 함께 보면 외설
· 보면서 마음의 변화가 생기면 예술, 몸의 변화가 생기면 외설
· 처음부터 다시 보면 예술, 주요 부분만 다시 보면 외설
· 비디오를 빌려줘서 돌아오면 예술, 안 돌아오면 외설
· 감동이 상반신으로 오르면 예술, 하반신으로 오르면 외설
· 처음부터 봐야 이해가 되면 예술, 중간부터 봐도 상관없으면 외설
· 자막을 봐야 하면 예술, 자막이 필요 없으면 외설
· 의상비가 많이 들면 예술, 의상비가 필요 없는 건 외설
· 가족과 함께 낮이나 초저녁에 당당히 보면 예술, 밤늦게 혼자 몰래보듯 보면 외설

시골 변소에서 변보는 요령

수세식 변소가 없던 60~70년대. 등산 마치고 갑자기 배가 아파 급한 김에 인근 민가 화장실에 가서 변을 보는데 자기 체형에 맞추어 나름대로 요령이 필요했다. 그 시절 시골 화장실이란게 큰 드럼통 하나 묻어놓고 널빤지 두 개를 걸쳐 놓은 것인데 변기통에 오줌이 고여 있어 자칫하면 튀기 때문이다.

· 날렵한 사람 : 널빤지에 앉아 힘을 준 다음 덩어리가 밑에 떨어지기 전에 얼른 몸을 일으켜 피한다. 이를 굳이 영어로 표현하자면 Escaping Method라고 한다.

· 뚱뚱한 사람 : 신문지 또는 종이가 없으면 호박잎을 들고 앉아서 힘을 준 다음 나오는 덩어리를 받아 포장하듯 싼다. 이를 굳이 영어로 표현 하자면 Packing Method라고 한다.

· 운동신경이 발달한 사람 : 앉아서 힘을 주어 한 덩어리 떨어뜨린 다음 튀어 오르는 똥물에 다시 한방 갈긴다. 이를 굳이 영어로 표현 하자면 Hit & Counter Hit Method라고 한다.

· 시력이 좋은 사람 : 앉아서 자세히 아래를 보면 똥물 사이에 섬같이 떠 있는 덩어리가 있는데 조준을 잘하여 힘을 준다음 나오는 덩어리를 떠있는 덩어리 위에 살짝 얹어 놓는다. 이를 굳이 영어로 표현하면 Floating Method라고 한다.

멘트 : 「이를 굳이 영어로 표현하자면…」을 반드시 덧붙인다.

대책 없는 년 시리즈

　한 때 유행하던 대책 없는 년 시리즈 중 특히 재미있었던 것을 몇 개 정리해 보면 다음과 같다.
· 파고다 공원과 탑골공원은 서로 다른 공원이라고 뻑뻑 우기는 년
· 복부인을 복이 많은 여자라고 뻑뻑 우기는 년
· 몽고 반점은 중국집 이름이라고 뻑뻑 우기는 년
· LA에서 Los Angeles까지는 자동차로도 족히 3시간은 걸린다고 뻑뻑 우기는 년
· 아롱사태는 제2의 IMF사태라고 뻑뻑 우기는 년
· 구제역은 양재역 다음 역이라고 뻑뻑 우기는 년
· 안중근 의사는 우리 동네 소아과 병원 의사라고 뻑뻑 우기는 년
· VISA CARD를 받고 미국 비자 받았다고 뻑뻑 우기는 년
· 광우병은 맥주병보다 조금 작고 소주병보다 조금 큰 병이라고 뻑뻑 우기는 년
· 자기가 들고 다니는 핸드백은 진짜 PRADA라고 뻑뻑 우기는 년 (전세계의 95%가 가짜라고 함. 내 것은 진짜)

멘트 :「뻑뻑 우긴다」를 강조한다.

세대별 얄미운 여자

   시기심은 인간이 갖고 있는 기본 심성의 하나이지만 여자들의 경우 남자보다 훨씬 강해서 이것도 좋고 저것도 좋으면 남이 볼 때는 무척 얄미운 법이다.

10대 : 공부도 잘하고 얼굴도 예쁜 여자
      (보통 공부 잘하는 여자는 용모가 별로인 경우가 많다고들 한다.)
20대 : 성형수술로 전신을 다듬었는데 표가 안 나는 여자
30대 : 학교 다닐 때는 공부도 못하고 소위 「후라빠」였는데 남편 하나 잘 만나 호강하고 사는 여자
40대 : 집안 살림 팽개치고 골프다, 계다, 놀러만 다니는데 아이들은 서울대학교에만 척척 들어가는 여자
50대 : 아무리 많이 먹어도 아랫배가 안나오는 여자
60대 : 남편이 돈 많이 벌어놓고 일찍 세상을 떠나버린 여자
70대 : 평생 오만가지 좋은 일은 실컷 다 즐겼는데 죽어서 천당까지 가려고 성당에서 세례까지 받은 여자

지정학적으로 본 연령별 여성 변천사

15세~20세 : 아프리카 대륙
　　　　　　일부는 개발되었으나 아직 개발이 필요한 처녀지가 많다.

21세~35세 : 아시아 대륙
　　　　　　개발 열기로 매우 뜨겁고 신비롭다.

36세~45세 : 아메리카 대륙
　　　　　　완전한 개발이 이루어졌다. 가지고 있는 것은 아낌없이 제공한다.

46세~55세 : 유럽 대륙
　　　　　　일찍부터 개발이 되었으나 샅샅이 뒤져보면 아직도 흥미로운 구석이 있다.

56세 이상 : 오세아니아 주
　　　　　　호주가 그 아래쪽에 있다는 것을 누구나 알고는 있지만 별로 신경 쓰는 이가 없다.

불쌍한 남자

여러 유형의 불쌍한 남자가 많지만 상위 5가지 유형은 다음과 같다고 한다.

5위 : 한여름 에어컨이 없는 「티코」 자동차를 마치 에어컨이 있는 것처럼 창문 꼭 닫고 타고 다니다가 넙적다리에 땀띠 난 남자

4위 : 고스톱 판에서 돈 다 잃고 옆사람 칠 때 「야, 똥먹어」하며 훈수하는 남자

3위 : 방송국의 주부가요열창 대회에 아이 안고 앉아서 자기부인 노래할 때 입을 헤 벌리고 박수치는 남자

2위 : 부인과 함께 호텔에 외식하러 가서 식당에 들어가기 전 부인이 화장실에 갔는데 핸드백 들고 기다리고 서있다 부인이 나오자 "자기 시원해?"하면서 핸드백 건네주는 남자

1위 : 고스톱 판에서 돈 다 털리고 차비가 없어 집에도 못 가게 되었는데 돈 딴 친구가 돈을 셀 때 옆에서 "하나, 둘, 셋, 넷"하고 소리내어 세어주는 남자(차비라도 얻으려고)

코딱지에 얽힌 감정

- 희열 : 작은 코딱지를 쑤시는데 억수로 큰 코딱지가 딸려 나올 때 (이게 웬 떡인가!)
- 민망 : 자동차를 몰고 가면서 왼손가락으로 신나게 코딱지를 후벼내는데 옆의 차에 탄 여자가 그 모습을 빤히 쳐다보고 있는 것을 알았을 때
- 짜증 : 작은 코딱지를 끌어내리는데 자꾸 콧속으로 점점 더 들어갈 때
- 답답 : 침대에 누워 TV 보면서 코딱지를 꺼내 세 손가락으로 비비다가 떨어뜨렸는데 찾을 수 없을 때
- 당황 : 코딱지를 끌어내는데 꺼룩한 콧물이 딸려 나올 때
- 곤혹 : 코딱지를 끌어내는데 코털이 강하게 엉겨 붙어 아픔을 감수하고 코털까지 끌어낼 것이냐 아니면 코 밖까지 삐죽 나온 코딱지를 떼어내는 것을 포기할 것인지 갈림길에 섰을 때
- 실망 : 세 손가락으로 비빈 코딱지를 버리기 전에 자기 몸에서 나온 귀한 것이라 맛이나 보려고 살짝 혀끝을 대보았더니 찝찔한 맛만 느껴질 때

담배에 얽힌 감정

- **짜증** : 침으로 담뱃불을 끄려고 하는데 자꾸만 빗 맞을 때
- **왕짜증** : 라이터 불에 앞머리카락을 태웠을 때
- **비통** : 담배 옆구리가 터져서 잘 빨리지 않을 때
- **갈등** : 아빠 담배를 슬쩍하려고 했는데 몇 개비 밖에 안 남았을 때
- **환장** : 조카한테 담배 한 갑 사오고 거스름돈으로 과자 사먹으라고 했는데 애들한테는 담배 안 판다고 과자만 사왔을 때
- **허무** : 한 개비 밖에 안 남았는데 친구가 먼저 홀랑 빼서 피워 물었을 때
- **분노** : 담배를 거꾸로 물고 필터에 불을 붙여 이상한 냄새를 맡게 되었을 때
- **당황** : 통째로 떨어진 불똥이 어디로 갔는지 발견되지 않을 때
- **황당** : 화장실에 들어가 편하게 앉아서 신문 펴들고 담배 한 대 물었는데 라이터가 없을 때
- **희열** : 담배갑에 한 개비(돗대)만 남은 줄 알았는데 열어보니 두개비(쌍돗대)가 있을 때
- **묘한기분(억울)** : 2,000원 주고 담배 한 갑 사는 것은 아깝지 않은데 300원 주고 라이터 사는 것은 무지무지하게 아깝다.

멘트 : 1) 「담배를 피워보지 않은 사람은 인생의 진정한 희로애락을 알 수가 없다」
2) 사람이 살아가는 동안 가장 바쁜 순간의 하나는 화장실에 걸터앉아 대소변 보면서 신문 읽고 담배 피는 경우이다. 눈, 입, 코, 손, 팔다리에 용까지 동시에 써야 하니 얼마나 분주하겠는가.

남자들 쉬~이 스타일

· 흥분 잘하는 남자
팬티에서 구멍을 찾을 수 없자 온몸을 떨며 허리띠까지 풀고 오줌을 누는 남자

· 사교적인 남자
쉬~가 마렵든 안 마렵든 친구를 따라가 쉬~이를 누는 남자

· 호기심 많은 남자
옆 사람과 사이즈 비교해 보려고 옆만 보고 오줌을 누는 남자
(이 경우 많은 사람이 바지를 적신다.)

· 똑똑한 남자
손으로 거시기를 잡지 않고 지렛대 원리로 지퍼에 걸치고 쉬~이 하는 남자

· 순진한 남자
오줌 줄기를 변기의 위, 아래, 좌우로 휘둘러 대며 자기 이름을 새겨 보거나 열심히 파리나 모기를 맞히려고 애쓰는 남자

· 불만형 남자
오줌이 다 마를 때까지 거시기를 30회 이상 흔들고 있는 남자

· 터프한 남자
거시기의 오줌을 털어내기 위해 거시기를 변기에다 탕탕치는 남자

- 깐깐한 남자

  거시기가 말랐나 안 말랐나 손가락으로 확인하는 남자

- 경제적인 남자

  대변 마려울 때까지 기다렸다가 한 번에 두 가지를 다 해결하는 남자

- 술 취한 남자

  왼손으로 오른쪽 엄지를 붙잡은 채 그냥 팬티에 쉬~이 하는 남자

- 고개숙인 남자

  한참동안 쉬~이 나오길 기다렸다가 터는 시늉만 하고 그냥 가버리는 남자

- 황당한 남자

  새우깡만한 거시기를 야구방망이 붙잡듯이 두 손으로 붙잡고 볼일을 보는 남자

방귀를 통한 인간성 분석

간단한 것 같지만 방귀 뀌는 스타일이나 방법 하나만으로 그 사람의 특성을 파악할 수도 있는데 그 요령은 다음과 같다.

- 영리한 사람 : 재채기를 하면서 방귀를 뀌는 사람
- 과학적인 사람 : 방귀를 병에 담는 사람
- 소심한 사람 : 자기 방귀소리에 스스로 놀라 펄쩍 뛰는 사람
- 자만하는 사람 : 자기 방귀소리가 어느 누구보다도 크다고 생각하는 사람
- 멍청한 사람 : 뭐 큰일이라고 몇 시간이고 방귀를 참는 사람
- 난처한 사람 : 자신의 방귀와 남의 방귀를 구별 못하는 사람
- 불행한 사람 : 방귀 뀌려다가 뜨 싼 사람
- 불안한 사람 : 방귀를 뀌다가 중간에 멈추는 사람
- 비참한 사람 : 전혀 방귀를 못 뀌는 사람
- 시대 흐름을 모르는 사람 : 여자가 방귀 뀐다고 투덜대는 사람(남자)
- 비열한 사람 : 방귀 뀌고 머리 위로 이불을 당기는 사람
- 뻔뻔한 사람 : 크게, 그것도 냄새까지 독한 방귀를 뀌고 나서 호탕하게 웃는 사람
- 정직한 사람 : 방귀 뀐 것은 인정하나 그 때마다 꼭 의학적인 이유를 대는 사람
- 부정직한 사람 : 자기가 뀌고 남한테 뒤집어 씌우는 사람

- **검소한 사람** : 다 뀌지 않고 항상 여분의 방귀를 남겨두는 사람
- **귀여운 사람** : 당신의 방귀냄새를 맡고 뭘 먹었는지 맞추는 사람
- **혼자만 점잖 빼는 사람(반사회적인 사람)** : 양해를 구한 뒤 혼자만의 장소에 가서 뀌는 사람
- **감성적인 사람** : 방귀 뀌고 나서 우는 사람
- **좀 모자라는 사람** : 다른 사람의 방귀를 자기 것이라고 생각하고 즐기는 사람
- **한참 모자라는 사람** : 방귀 뀌고 팬티에 흔적 남기는 사람
- **신 지식인** : 주위에서 누가 뀌었는지 알아 맞추는 사람
- **겁이 많은 사람** : 방귀를 여러 번에 나누어 찔끔찔끔 뀌는 사람
- **새디스트** : 잠자리에서 방귀 뀌고 이불을 펄럭거리는 사람.
- **마조히스트** : 목욕탕 속에서 방귀 뀌고 물 위로 솟아오르는 큰 물방울(또는 거품)을 깨물어 보려고 하는 사람
- **환경운동가** : 방귀를 뀔 때마다 마음속으로 환경오염을 염려하는 사람

여자와 무의 공통점

· 대부분 겉이 희다
· 겉만 봐서는 속을 알 수 없다
· 바람이 들면 버려야 한다
· 아랫부분(?)이 더 맛있다
· 고추와 잘 버무려야 더 맛있다

여자와 라면의 공통점

· 빨리 먹지 않으면 엉뚱한 놈이 먼저 먹는다.
· 하나는 조금 모자라고 두 개는 좀 벅차다.
· 구관이 명관이다.
· 배고플 때는 아무거나 먹다가 배부르면 엄청 까다롭게 고른다.
· 아무리 좋아해도 계속 먹으면 질린다.
· 가끔은 색다른(?) 방법으로 먹으면 더욱 맛있다.
· 공짜로 먹으면 속으로 쾌재를 부르며 먹는다.
· 여럿이 먹을 때는 쟁탈전이 심하다.
· 먹기 전까지 기다리는 시간은 다소 긴장되고 초조하다.
· 많은 사람들은 누가 뭐라 해도 먹던 것만 계속 먹는다.

마누라와 팝콘의 공통점

· 옆에 있으면 자주 손이 간다.
· 돈이 별로 들지 않는다.(공짜다)
· 달라면 언제나 한 번 더 준다.
· 맛있는 안주가 나오면 제껴 놓는다.

정치인과 개의 공통점

· 가끔 주인도 몰라보고 짖어대거나 덤빌 때가 있다.
· 먹을 것을 주면 아무나 좋아한다.
· 어떻게 떠들어도 개소리다.
· 자기 밥그릇은 절대로 뺏기지 않는 습성이 있다.
· 매도 그때 뿐, 옛날 버릇 못 고친다.
· 미치면 약도 없다.

호텔에서 여인숙까지

1. 손님에게 룸을 안내하는 태도
호텔 : 룸 앞까지 안내하고 친절히 문을 열어주면서 「편히 쉬시고 불편하시면 룸서비스를 불러주십시오」
모텔 : 키와 일회용 물, 휴지, 요구르트를 쟁반에 담아서 건네주며 「편히 쉬고 다음에 또 오세요」
여관 : 아줌마가 수건, 요구르트, 숙박계 들고 따라오며 「여기 숙박계 적어요. 방값은 2만원」
여인숙 : 주전자, 수건을 쥐어주고 고개로 방 위치를 일러주며 「저, 저어기 왼쪽 구석에 있는 방으로 가요」

2. 남녀 퇴실시 행동
호텔 : 남자, 여자 모두가 의젓하고 품위 있고 드라마틱하게 손을 잡고 나가 체크아웃을 한다. 이 때 여자는 거의 남자에게 기대듯 서 있다.
모텔 : 여자는 먼저 내려가고 곧 이어 남자가 따라 나간다. 특히 남자는 대형거울 앞에서 머리 빗질을 하는 경우가 많다. 이유는 불분명하다.
여관 : 여자가 먼저 나가되 절대 앞문은 사용하지 않고 주로 뒷문을 애용한다. 나와서도 여관 입구와는 한참 떨어져서 남자를 기다린다.
여인숙 : 남자는 나와서 일단 손목시계로 시간을 본다. 역시 이유는 불분명하다. 들어올 때와 마찬가지로 나갈 때도 여자는 거의 보이지 않는다.

콘돔과 브래지어에 관한 소고(小考)

(같은점)
- 우리 신체 중 가장 신축성이 뛰어나고 보드라운 부분을 마치 포옹하듯이 감싸는 데 쓰인다.
- 불황을 거의 타지 않는 제품이라서 이것을 만들어 파는 회사치고 도산했다는 말 별로 들어보지 못했다.
- 본인이 인정하는 사람 외에는 착용하고 있는 모습을 타인들에게 함부로 공개하지 않는 것이 일반적인 추세다.
- 가급적이면 자신의 수준에 알맞은 사이즈를 선택해야지 이를 무시했다가는 반드시 불편함을 느끼게 된다.
- 필수품임에도 불구하고 이런 물건을 구입할 때에는 거의 한 옥타브 정도 낮아진 조용한 목소리로 흥정을 하게 된다.

(다른점)
콘돔을 전자, 브래지어를 후자라고 할 때
- 전자는 유사시에 사용되지만 후자는 유사시에 찬밥 신세가 되어 잠시나마 팽개쳐 버려지게 된다.
- 전자는 사용 직후 폐기시키기 위해 쓰레기통으로 직행하지만 후자는 상당기간 재사용이 가능하다.
- 만일 찢어지거나 구멍이 났을 경우 전자는 완전히 무용지물로 취급되지만 후자는 약간의 불편함을 감수한다면 얼마간이라도 버틸 수가 있다.
- 전자는 투명한 것을 후자는 불투명한 것을 원칙으로 한다.
- 굳이 구분을 하자면 전자는 하의, 후자는 상의로 구분할 수 있다.

아이들에게 고스톱을 가르쳐야 하는 이유

흔히 못난 친구한테서도 배울 것이 있다고들 하지만,「망국병」(?)이라고 불리는 고스톱에도 나름의 철학과 배움의 길이 있다면….

- "낙장불입"

인생에서 한번 실수가 얼마나 큰 결과를 초래하는지, 또한 인과응보란 어떤 것인지 깨우치게 한다.

- "밤일낮장" 또는 "주소야대(晝小夜大)"

인생에서는 밤에 해야 할 일과 낮에 해야 할 일이 정해져 있으므로 모든 일은 때에 맞추어 순리대로 해야 함을 가르친다.

- "비풍초똥팔삼"

세상을 살아가면서 무엇인가를 포기해야 할 때 우선 순위를 가르침으로써 위기관리능력을 증진시킨다.

- "광박"

최소한 "광" 하나는 가지고 살아라. 인생은 결국 힘 있는 자가 이긴다는 무서운 사실을 가르친다. "광"이 결국은 힘이니까.

- "피박"

별 볼일 없는 것 같은 "피"가 고스톱에서 얼마나 중요한 것인지를 경험하게 해서 사소한 것이라도 결코 소홀히 보지 않도록 깨우친다.

이와 관련한 고스톱 격언으로「피를 중시하라」가 있다.

- "쇼당"(相談)

고스톱의 진수인 "쇼당"을 겪으면서 인생을 살면서 양자택일의 기로에 섰을 때 현명한 판단을 내릴 수 있는 능력을 키워준다.

(주) "쇼당"인지 "소당"인지는 약간의 논란이 있다. 즉 일본어에서 소당은 相談, 쇼당은 商談을 말하는데 고스톱의 경우 어느 용어가 더 정확한가에 대하여 다수의 전문가에게 문의하였으나 의견이 갈렸다. 일본에는 '고스톱'이 없기 때문에 단정하기가 어렵다는 뜻이기도 했다. 여기서는 "쇼당"으로 표기하고 한자는 相談으로 병기하였는데 소당(相談)을 우리나라 사람들이 "쇼당"으로 발음한 것 같다(영어의 소파를 쇼파로 발음하듯이)는 의견에 따랐기 때문이다.

· "독박"

무모한 모험이 실패했을 때 얼마나 엄청난 손실이 따르는지 그 과정을 체험케 함으로써 인생에서 무모한 짓을 삼가게 한다.

· "고"

배짱과 도전 정신을 배가 시키면서 인생은 결국 승부라는 것을 가르친다.

· "스톱"

신중한 판단력을 증진시키고 안정된 투자정신을 함양시킴으로써 미래의 위험을 내다볼 수 있는 예측력을 가르친다.

· "나가레"

인생은 일응 "나가레"라는 허무를 깨닫게 해줌으로써 그 어려운 「노장사상」을 쉽게 이해하도록 해준다.

〈사족〉 물론 아이들에게 고스톱을 가르치지 말아야 되는 이유

도 충분히 있기는 할 것이다. 예컨대

· 각고의 노력 없이 운 또는 상대의 어리숙함을 이용하여 재물을 얻으려 한다는 측면에서 전혀 건설적이지 않다든가.

· 가벼운 두뇌 훈련 이외에는 시간과 정력을 쏟을 만큼 생산적이지 않다든가.

· 고스톱 좋아하다 패가망신한다든가. 좋았던 인간관계가 악화되는 등등….

(활용포인트)

― 사업상 섭외 자리에서 자주 활용되는 게임 중 하나가 「고스톱」이다. 저녁식사가 끝난 후 아주 친숙한 사이가 아니면 섭외 자리가 「고스톱」으로 이어지는데는 다소 껄끄러운 점이 없지 않다. 접대하는 쪽은 필요에 따라 「고스톱」판으로 연결시키고자 할 때 식사 마무리 단계에서 본 조크를 던져서 웃음을 유발한 다음 「고스톱」으로 들어가도록 한다.

― 섭외 상대편 모두를 만족시키는 「고스톱」 요령을 소개한다. 소위 「밑천」에 해당하는 것을 사전에 각자 배분하지 말고 전체 합산 금액보다 조금 적은 금액을 방석 한 쪽에 놓아두고 승자가 이긴 만큼 가져가게 한다. 판돈이 다 없어지면 게임을 끝내기로 한다. 누구도 자기 지갑에서 개인 돈이 나올 필요가 없기 때문에 모두가 해피하게 느낀다.

― 시작하기 전에 「고스톱 선서」를 하도록 한다. 참가자 전원

이 방석 한 가운데 손을 포개 놓고 HOST가 점잖은 목소리로 선서를 한다.

"자, 지금부터 스포츠맨십에 입각하여 모든 지연, 학연, 혈연을 끊고 각자의 실력에 입각하여 공정하게 게임에 임하도록 한다."

— 경험해 본 바에 의하면 상기 방법은 비용과 시간을 줄일 수 있음은 물론, 참여자 모두가 해피하고 무엇보다 섭외 자리의 분위기가 부드럽고 매끄러운 장점이 있다.

— 사전에 「밑천」을 주고받는 것은 양쪽에 다 껄끄럽고 특히 받은 「밑천」 다 잃고 자기 돈까지 나가는 경우 얼마나 기분이 씁쓸한지는 불문가지이다. 다 되어가는 일 한 순간에 망치기 십상이다.

고사성어(故事成語) I
— 선어부비취(善魚夫非取)

중국 원나라 때의 일이다….

어떤 마을에 한 어부가 살았는데 그는 너무나도 착하고 어질어서 정말 법 없이도 살 수 있는 정도였다. 그는 마을 사람들로부터 신망이 두터웠고 그를 따르는 사람들이 끊이지 않았다. 그러던 어느 날 그 마을에 새로운 원님이 부임하게 되었는데 그는 아주 포악한 성격의 소유자였다.

원님은 부임한 뒤 그 마을에 한 착한 어부가 덕망이 높고 마을 사람들의 신임을 얻고 있다는 사실을 알고는 괴로워하기 시작했다. 어떻게 하면 저 어부를 제거할 수 있을까? 생각하던 중 원님은 묘안을 하나 짜내게 되었다.

그 어부의 집 앞에 몰래 귀한 물건을 가져다 놓고 어부가 그 물건을 가져가면 누명을 씌워 어부를 죽일 계획을 세운 것이다.

첫 번째로 그는 어부의 집 앞에 쌀 한가마니를 가져다 놓았다. 하지만 어부는 하루가 지나고, 이틀이 지나도 쌀가마니를 거들떠보지도 않는 것이었다. 그래서 원님은 두 번째로 최고급 비단을 어부의 집 앞에 가져다 놓았다. 그러나 결과는 마찬가지였다. 화가 난 원님은 최후의 수단으로 커다란 금송아지 한 마리를 집 앞에 가져다 놓았다. 그러나 어부에게는 금송아지 마저 소용이 없었다. 어부가 손끝 하나 대지 않는 것이다. 그러한 어부의 행동에 화가 난 원님은 그 자리에서 이렇게 탄식을 했다.

선어부비취(善漁夫非取)…「착한 어부는 아무것도 취하지 않는구나!」

멘트 : 이 말은 자신이 뜻한대로 일이 잘 이루어지지 않을 때 약간 화가 난 어조로 강하게 발음한다. 이 고사성어는 그때 당시 중국전역에 퍼졌고, 급기야는 실크로드를 타고 서역으로까지 전해졌으며, 오늘날에는 미국, 영국등지에서 자주 쓰이고 있다고 한다.(Son of a bitch)

고사성어(故事成語) II
— 시벌로마(施罰勞馬)

중국의 당나라 때 일이다.

어떤 나그네가 어느 더운 여름날 길을 가다가 이상한 장면을 목격하였다. 한 농부가 밭에서 열심히 일하는 말에게 자꾸만 가혹한 채찍질을 가하는 광경을 본 것이다. 이를 지켜보던 나그네는 말에게 안쓰러운 마음이 들어 농부에게 「열심히 일하는 말에게 왜 자꾸만 채찍질을 가하는가?」고 물었다. 그러자 농부는 「자고로 말이란 가혹하게 부려야 다른 생각을 먹지 않고 일을 열심히 하기 때문」이라고 답했다. 남의 말을 놓고 가타부타 언급할 수가 없어 이내 자리를 뜬 나그네는 열심히 일하는 말이 불쌍하여 가던 길을 멈추고 뒤를 돌아보며 긴 탄식과 함께 한마디를 내뱉었다 한다.

"아 시벌로마(施罰勞馬)"

훗날 이 말은 후세 사람들에게 이어져 주마가편(走馬加鞭)과 뉘앙스는 약간 다르지만 상당히 유사한 의미로 쓰였다 한다.

멘트 : 施罰勞馬(시벌로마) : 열심히 일하는 부하 직원을 못 잡아먹어 안달인 직장 상사에게 흔히 하는 말/용법 : 아랫사람이 노는 꼴을 눈뜨고 보지 못하는 일부 몰상식한(?) 상사의 뒤에 서서 들릴락 말락하게 한다.

소주 한 병이 7잔인 이유

· 2명이서 소주를 마실 때
3잔씩 먹고 1잔이 남아서 1병을 더 시키게 된다.
그래서 4잔씩 더 마시면 다 없어진다.(각자 7잔씩)

· 3명이서 소주를 마실 때
2잔씩 마시면 1잔이 남아서 1병을 더 사게 된다.
2잔씩 더 마시면 2잔이 남고 그래서 1병을 더 사게 된다.
다시 3잔씩 마시면 결국 각자 7잔씩 마시게 되고 남는 게 없다.

· 4명이서 마실 때
1잔씩 마시면 3잔이 남아서 1병 추가.
이어서 2잔씩 마시면 2잔이 남게 되고 다시 1병을 추가해서 또 2잔씩 마시면 1잔이 남는다.
그래서 1병을 추가하여 2잔씩 마시면 결국 각자 총 7잔을 마시게 된다.

· 5명이서 마실 때
1잔씩 마시면 2잔이 남고 1병을 추가하여 또 1잔씩 마시면 4잔이 남게 된다.
다시 1병을 더 사서 2잔씩 마시면 1잔이 남게 되고 다시 1병을 추가하여 1잔씩 마시면 3잔이 남는다.
결국 1병을 더 사서 2잔씩 마셔야 남는 잔이 없다.
각자 총 7잔씩 마시게 된다.

· 6명이서 마실 때

1잔씩 마시면 1잔이 남고

1병 추가하여 1잔씩 마시면 2잔이 남는다.

1병 더 사서 1잔씩 마시면 3잔이 남고

1병 더 사서 역시 1잔씩 마시면 4잔이 남는다.

1병 추가하여 1잔씩 더 마시면 5잔이 남고 1잔이 모자라서 결국

1병을 더 사서 2잔씩 마시게 된다.

역시 각자 총 7잔씩

· 7명이 소주를 마실 때

1잔씩 먹고 취하나요?

그래서 추가에 추가를 거듭하여 7병으로 각자 7잔씩 마시게 된다.

요컨대 각자 1병씩 7잔을 마셔야 끝나게 된다.

「맞습니까?」

멘트 : 이 분석이 맞다면 MAKER들의 상술에 대하여 일차 감탄을 할 수밖에요

기쁨. 슬픔. 분노. 황당

기쁨 : 5천원짜리 팬티를 사고 만원짜리를 주었는데 거스름돈
　　　으로 6천원을 받았을 때(이게 웬 떡인가)
슬픔 : 집에 와서 보니 팬티의 정가가 3천원임을 알았을 때
분노 : 팬티를 입어보니 너무 작아서 몸에 맞지 않았을 때

기쁨 : 아이들이 방에서 열심히 공부한다고 들었을 때
슬픔 : 청소하다가 아이들 방에서 포르노 테이프를 발견했을 때
황당 : 그 테이프의 내용이 우리 부부임을 알았을 때

기쁨 : 집나간 딸아이가 집으로 돌아올 때
슬픔 : 딸의 배가 차츰 불러올 때
분노 : 어떤 양아치 같은 녀석이 자기책임이라며 무일푼으로
　　　내집에 들어와서 살겠다고 보챌 때

기쁨 : 쓰레기를 종량제 봉투없이 슬쩍 버리는 데 성공했을 때
슬픔 : 그 장면이 CCTV에 잡힌 것을 알았을 때
황당 : 그 장면이 양심을 버린 사람 편으로 9시 뉴스에 나왔을 때

엘리베이터 안에서의
여러 가지 감정 (방귀관련)

· 당황 : 여러 사람과 같이 타고 있는데 방귀가 나오려 할 때
· 다행 : 그 순간 먼저 뀐 놈의 냄새가 풍겨올 때
· 황당 : 그 녀석의 냄새에 내 방귀를 살짝 얹으려 했는데 소리가 나는 방귀일 때
· 기쁨 : 혼자만 있는 엘리베이터 안에서 시원하게 한방 날렸을 때
· 감수 : 그러나 역시 냄새가 지독했을 때
　　　　(음! 나의 체취쯤이야 감수해야지)
· 창피 : 냄새가 가시기도 전에 다른 사람이 탔을 때
· 고통 : 둘만 타고 있는 엘리베이터 안에서 다른 사람이 지독한 냄새의 방귀를 날렸을 때
· 울화(통) : 방귀 뀐 놈이 마치 자기가 안 그런 것 같이 딴청 피우고 있을 때
· 고독 : 방귀 뀐 놈이 내리고 혼자서 놈의 체취를 느껴야 할 때
· 억울 : 그놈의 체취가 채 가시기도 전에 다른 사람이 타면서 얼굴을 찡그릴 때
· 울분 : 엄마 손잡고 올라탄 꼬마가「엄마 저 사람이 방귀 뀌었나봐」라고 손가락질 하며 말할 때
· 허탈 : 엄마가「사람은 누구나 방귀 뀔 수 있는거야」하면서 꼬마를 타이를 때
· 만감교차(착잡) : 그러면서 엄마가 이해한다는 표정으로 나에게 살짝 미소를 전할 때

당황. 황당. 용기 그리고 오기

당황 : 트럭 뒤에서 오줌을 누는데 트럭이 갑자기 후진할 때
황당 : 트럭 뒤에서 오줌을 누는데 트럭이 갑자기 출발할 때
용기 : 오줌을 누다가 트럭이 떠나도 계속 오줌을 다 누는 것
오기 : 오줌을 누다가 트럭이 떠나면, 그 트럭을 쫓아가면서
       오줌을 다 누는 것

노래방 꼴불견

5위 : 다른 사람이 노래할 때 큰 소리로 따라하는 사람
4위 : 노래하면서 다른 사람한테 백댄싱을 강요하는 사람
3위 : 예약 버튼을 잘못 눌러 남의 노래 맥을 끊는 사람
2위 : 마이크 돌리다 다른 사람의 머리를 치는 사람
1위 : 옆 사람의 허벅지에 탬버린 쳐서 피멍들게 하는 사람

초보 운전자의 경고문

초보운전 아줌마들이 차 뒤에 써 붙이는 글은 각자 개성(?)에 따라 매우 다양하다.
- 왕초보
- 진짜진짜 초보
- 개구리, 올챙이적 생각을….
- 집으로 밥하러 가는 길입니다.
- 밥이 타고 있어 속도 탑니다.
- 좀 느리긴 하지만, 제가 분명 앞에 있습니다.
  (I may be slower, but I am ahead of you.)
- 건들지마, 이러는 나는 더 답답해.
- 운전은 초보, 마음은 터보, 몸은 람보!!
- 박지마!
- 초보!! 그 자체!(가장 시적인 표현)

새로 나온 국어사전

· 강심장이란:

심장이 강한 남녀들이 자주 출입하는 숙박업소의 일종으로 여관과 호텔의 중간 규모를 가지고 있음

· 신사적 행동이란:

거리에 혼자 다니는 여성만 보면 반드시 여관방까지 바래다주어야만 직성이 풀리는 따위의 호의적 행동

· 데이트란:

온종일 데리고 이리저리 다니다가 결국은 트집 잡아 집에 보내는 다소 밋밋한 남녀의 만남 행태.

· 모른다의 외국어 표현:

중국어 : 갸우뚱
일본어 : 아리까리
프랑스어 : 알송달송
아프리카어: 깅가밍가
독일어 : 애매모호

새로운 머피의 법칙(Murphy's law)

머피의 법칙은 미국의 항공기 엔지니어였던 머피가 1949년에 발견했다는 인생법칙이다. 이것은 '잘못될 소지가 있는 것은 어김없이 잘못되어 간다' 는 의미로 인생살이에 있어서 나쁜 일은 겹쳐서 일어난다는 설상가상의 법칙으로 곧잘 인용되는 말이다. 일상생활에서 흔히 겪었을 일들을 되돌아봅시다.

· 정류장의 법칙
그냥 지나칠 때는 자주 오던 버스도 막상 타려고 기다리면 죽어라고 안 온다.

· 신체의 법칙
가려움은 손이 닿기 어려운 부위일수록 그 정도가 심해진다.

· 수입 지출의 법칙
어쩌다 뜻밖의 수입이 생기면 반드시 뜻밖의 지출이 더 많아진다.

· 세차의 법칙
큰맘 먹고 세차하면 꼭 비가 온다.

· 애프터 서비스의 법칙
고장난 기계제품은 서비스맨이 당도하면 정상으로 작동한다.

· 시험의 법칙
공부를 안 하면 몰라서 틀리고, 어느 정도 하면 헷갈려서 틀린다.

· 택시의 법칙
급해서 택시를 기다리면 빈 택시는 반대편에만 나타난다. 기다리다 못해 건너가면 먼저 있던 쪽에 자주 온다.

· **정리정돈의 법칙**

찾는 물건은 항상 마지막으로 찾아보는 장소에서 발견된다.

· **동창회의 법칙**

동창회에 가면 좋아하는 사람은 결혼했고, 관심없는 사람끼리만 2차를 간다.

· **미팅의 법칙**

미팅에 나가 '저 애만 안 걸렸으면' 하는 애가 꼭 짝이 된다.

· **주유소의 법칙**

운전하다 기름이 떨어져 주유소를 찾으면 꼭 반대쪽에서 나타난다.

· **세일의 법칙**

바겐세일에 가보면 꼭 사려는 물건은 세일 제외 품목이다.

· **사고의 법칙**

보험에 들면 사고가 안 난다. 사고 난 사람은 꼭 생명보험에 안 든 사람이다.

· **화장실의 법칙**

공중 화장실에서 제일 짧은 줄에 서면 안에 있는 사람이 큰일을 보는지 꼭 오래 걸린다.

· **인생살이의 법칙**

사태를 복잡하게 하는 것은 간단한 일이지만 사태를 간단하게 하는 것은 복잡한 일이다.

화장실 낙서

- 화장실 문 안쪽 맨 위쪽에 적혀 있었다.
  「나는 ㄸ 누면서 이렇게 높이까지 글을 쓸 수 있다.」
  바로 밑에 써있는 글.
  「너 진짜, 다리는 짧고 허리는 길구나!」
  그 아래 쓰여 있는 글.
  「두 번째 녀석도 만만치 않아.」
  그리고 맨 아래 이렇게 쓰여 있었다.
  「엉덩이 들고 낙서 하지 마라. 네 놈들 글 읽다가 나 흘렸다.」
- 왼쪽 벽에 쓰인 글 : 「난 왼손잡이이다!」
- 오른쪽 벽에 쓰인 글 : 「난 오른손잡이이다!」
- 앞쪽 벽에 쓰인 글 : 「난 입으로 물고 쓴다.」
- 뒤쪽 벽에 쓰인 글 : 「엉덩이에 꽂고 쓸 줄은 몰랐지?」
- 「여자는 무엇으로 사는가?」
  「누구야?! 여자를 사려는 놈이!」
- 「무엇이 중요한가?」
  「문민정부도 좋고 국민의 정부도 좋고 개혁도 좋다.」
  「그렇지만 지금 나에게 중요한 것은 휴지가 없다는 것이다.」
- 「자기가 할 일에 충실하자.」
  「그래서, 지금 아랫배에 힘주고 있다.」
  「당신이 지금 여기에 앉아 편안히 낙서하고 있을 때, 밖에 있는 사람은 속옷에 노란 물들이고 있습니다.」

5장

"너 되게 늙었구나"
— 학교, 학생, 학부모, 선생님

 너무나 자주 바뀌는 우리의 교육제도에 시대의 변화까지 겹쳐지면서 스승, 학부모, 제자들의 관계가 바람직스럽지 못한 모습으로 바뀌어졌다. 교육 때문에 어린 자식들 외국으로 보내는 현상들이 없어지고 모든 것이 제자리로 찾아가는 시절은 언제나 오려는지.
 학교를 비롯해서 여기저기 강의를 하는 경우 서두에 여기에 소개되는 소재 한두 개쯤 던져보는 것도 주의력을 집중시키는데 도움이 될 것이다.

마케팅이란 무엇인가
지구의(地球儀)
수석졸업생
천당 갈래, 지옥 갈래
입시생의 표어
너무 똑똑한 아이
컨닝도 어느 정도 실력은 있어야
진리
콤마의 위치
너 되게 늙었구나!
전공에 따라
전교1, 2등
한석봉 이야기
도덕시험 문제
어느 수학 교사의 아버님 전상서

마케팅이란 무엇인가

　60년대 말 어느 경상대학에서 마케팅을 강의하는 교수가 있었다. 시험 때마다 이 교수는 교실에 들어와 칠판에 문제를 써주고 나갔는데 항상 「마케팅이란 무엇인가?」라는 출제였다. 무려 10년 간이나 똑같은 문제가 반복 출제되니 학생들이 시험 공부하기도 좋았다.
　그러다가 11년째 되던 해 교수가 들어오더니 칠판에 문제를 써내려 가는데 「마」가 아닌 「도」자(字)로 시작되는게 아닌가. 학생들이 "이번 시험 잡쳤구나." 생각하면서 당황하기 시작했고 술렁거리면서 칠판을 주시했는데 교수가 다 써놓은 문제는 아래와 같았다.
　「도대체, 마케팅이란 무엇인가?」
　10년만의 변화가 "도대체"란 단어 하나 추가된 것이었다.

지 구 의 (地球儀)

어느 국민(초등)학교에 장학관이 시찰차 와서 6학년 교실에 들어갔다. 교실 한구석에 놓여있는 지구의를 보니 대뜸

장학관 : "반장, 일어나. 저 지구의가 똑바로 놓여있지 않고 왜 삐딱하냐?"

반　장 : "제가 안 그랬는데요."

장 학 관 : "그래? 그럼 담임선생이 설명하시오."

담임선생 : "저거 원래 사올 때부터 그랬습니다."

책임 소재를 못 밝힌 장학관이 교장실로 가서 뒤따라 들어온 교감에게 누가 삐딱하게 놓았는지 아느냐고 물었다.

교　감 : "그 지구의, 그래도 요즈음 국산치고는 꽤 잘 나온 겁니다."

장학관은 할 수 없이 학교를 떠나면서 교장에게 지구의를 바로 잡아놓고 휘하 선생님들이나 학생들을 잘 지도하라고 질책 하였는데 교장 답변은

"예! 앞으로 시정하겠습니다."

멘트 : 원래 지구의는 중심축이 23.5도 기울어져 있습니다.
　　　참으로 유능한 장학관에 좋은 학교네요.

수석졸업생

어느 생명보험회사에서 신입사원 연수기간 중 Field Training 의 일환으로 하루를 정하여 전원 나가서 생명보험을 실제 유치하도록 과제를 주었다. 대부분의 신입 연수생들이 두건이상씩 유치한 반면 상경대학을 수석으로 졸업하고 입사 성적도 1등이었던 친구가 딱 1건 유치했는데 그나마 105세 된 노인이 피보험자였다. 강사가 나무랄 수 밖에.

"아니, 자네는 어쩌자고 100세가 넘은 노인의 생명보험을 유치했는가?"

"무슨 말씀이세요. 통계에 의하면 사람이 태어나서 105세에 죽을 확률은 고작 0.002%에 불과하다고 알고 있는데요…."

멘트 : 과연 수석졸업에 수석입사자 답지 않은가!

※ 영어로 옮겨져 있음. ■☞ 16장 영어유머편(5)

천당 갈래, 지옥 갈래

대학입시 준비를 하던 고3 학생이 입시에 대한 중압감에 못 이겨 자살하고 말았다. 하늘나라에 갔더니 염라대왕이 물었다.
"너 천당 갈래, 지옥 갈래?"
이 학생은 주저 없이 대답했다.
"어느 쪽이 미달입니까?"

입시생의 표어

대학입시 준비에 한창인 아들을 둔 엄마가 어느 날 밤 간식을 들고 조심스럽게 아들 방문을 열었다. 아들은 책상에 엎드려 자고 있었는데 책상 앞 벽에 써 붙인 커다란 글씨의 표어(?)를 보고 아연실색하고 말았다.
표어의 내용은
「떨어져서 울지 말고 웃으면서 포기하자!!」

너무 똑똑한 아이

초등학교 1학년을 맡고 있는 여선생이 한 말썽꾸러기 아이 때문에 골치를 앓고 있었다. 아이는 선생님의 질문에 대해서 항상 성적(性的)인 쪽으로 연관시켜 대답해서 선생님을 골탕을 먹이곤 했다.

하루는 아이가 선생님에게 말했다.

"선생님, 전 1학년이 너무 시시해요. 3학년으로 올라가고 싶어요."

선생님은 아이와 말싸움하기가 싫어서 아이를 데리고 교장선생님에게 갔다.

"교장선생님, 이 아이가 3학년으로 올라가고 싶다는데요."

교장은 아이에게 문제를 내서 수준을 알아보기로 했다.

"3 X 3 은 뭐지?"

"9 요."

"그럼 6 X 6은?"

"36 이요."

"8 X 9 는?"

"72 요"

아이는 척척 잘 맞추었고 교장은 고개를 끄떡거리며 만족하는 얼굴이었다.

선생은 아이가 3학년으로 올라간다는 것이 얄미워서 교장에게 말했다.

"교장선생님, 제가 한번 문제를 내 볼게요."
선생은 아이가 성적인 쪽으로 대답을 하도록 유도하려는 생각으로 물었다.
"나는 두 개가 있고 젖소는 네 개가 있는 건 뭐지?"
교장은 짐짓 놀라는 모습이었으나 아이는 태연하게 대답했다.
"다리요."
선생은 다시 물었다.
"네 바지 안에는 있고 선생님은 없는 게 뭐지?"
교장은 얼굴이 붉어지면서 깜짝 놀라 말리려 했으나 아이는 태연하게 대답했다.
"주머니요."
교장은 안도의 한숨을 내쉬면서 웃으며 말했다.
"그 두 문제는 나도 틀릴 뻔했는데 이 아이는 맞췄군요. 바로 5학년으로 올려 보내세요!"

컨닝도 어느 정도 실력은 있어야

C. K. R은 대학동창이었다.

학교 졸업 후 C와 R은 크게 출세하였고, K는 크게 빛을 보지 못했다. 그러나 대학 때는 K가 뛰어나게 공부를 잘해서 시험 칠 때마다 C와 R은 K의 답안 내용을 자주 컨닝 하였다고 한다. 다음은 졸업을 앞두고 모의 취직시험 시간에 있었던 일.

상식과목의 첫 번째 문제는

「"신(神)은 죽었다" 누가 말했나?」였다.

K는 바로 답을 썼다.「니체」

옆에 앉았던 C는 시력이 조금 나쁜데다 대범한 성격이라 이를 보고 「나체」라 적고 그 뒤에 앉았던 R은 슬쩍 잔머리를 한번 굴려 「누드」로 적었다.

둘째 문제는

「셰익스피어가 이태리를 무대로 쓴 희곡의 제목은?」

K 「베니스의 상인」

C 「페니스의 상인」

R 「고추장사」

다음 문제는

「조각 "생각하는 사람"은 누구의 작품인가?」였다.

K 「로댕」

C 「오댕」

R 「덴뿌라」

멘트 : "컨닝"은 80점 되는 사람이 90점 이상 받으려고 하는 것이지 워낙 기본이 모자라면 효과를 얻을 수 없는 것임.

진리

60년대 어느 대학의 철학과 교수가 강의실에 들고 들어오는 노트가 적어도 10년은 썼을 것 같은 낡고 낡은 대학 노트였고 이를 바탕으로 교수는 항상 판에 박힌 강의를 했다. 어느 날 참다못한 학생 하나가 짓궂은 질문을 했다.

"선생님, 선생님은 몇 년째 낡은 노트를 보시면서 천편일률적인 강의를 하시는데 새로운 연구는 전혀 없으십니까?"

"야, 이 녀석아, 너는 진리는 영원불변하다는 것도 모르냐?"

콤마의 위치

어느 중학교 3학년 교실. 영어 수업 중에 흑판 앞에 선 학생이 문장에 콤마를 찍는데 쩔쩔매고 있었다.

때마침 교실을 돌아보던 교장선생님이 들어왔다가 하는 말.

"그런 콤마쯤이야 크게 신경 쓸 필요가 없지 않은가?"

그러나 담임교사는 교장의 이 말에 이의를 재기하면서 흑판에 써 있는 문장「He says Principal is a fool」에 다음과 같이 콤마를 찍었다.

He, says Principal, is a fool.(교장은 말했다. 그는 바보다 라고)

"교장선생님께서는 이런 뜻으로 해석하시겠습니다만, 콤마의 위치에 따라서는 다른 뜻이 되기도 합니다."라면서 콤마의 위치를 바꾸어 찍었다.

He says, Principal is a fool.(그는 말했다 교장은 바보다 라고)

교장은 황급히 다음 교실로 걸음을 옮겼다.

너 되게 늙었구나!

50대 중반 사람들의 고등학교 동창모임에서 있었던 일.

어느 해 동창모임에 학교 때 은사분들을 초청하였다. 고등학교 때 스승 가운데는 학생들과 나이차이가 10년 안팎인 분들도 꽤 있었고 이런 경우 50대가 넘어가면 제자들과 같이 늙어 간다고도 할 수 있겠다.

비교적 젊었던 국어 선생님이 오셨는데 졸업 후 처음 보는 친구 하나가 선생님을 몰라 뵙고는 어깨를 툭치며 한다는 소리가

"야, 너 오랜만이다." 하고 반말을 했다.

선생님은 순간적으로 당황하였으나 그렇다고 「내가 선생이다」라고 이야기 할 수도 없어 머뭇거리고 있는데 이 친구가 한마디 덧붙였다.

"근데 너 되게 늙었구나, 야."

전공에 따라

캠퍼스에서 싸우고 있는 학생들을 보고 교수들이 내리는 촌평은 전공에 따라 모두 달랐다.

- 국문과 : 주제도 파악 못하는 녀석들
- 역사학과 : 너희들이 싸운다고 세상이 바뀌나
- 수학과 : 분수도 모르는 녀석들
- 음악과 : 싸움을 말리지 않고 장단만 맞춘다
- 심리학과 : 저렇게 싸우는 심보가 문제야
- 식품영양학과 : 저 녀석들 무얼 먹고 저렇게 싸우나
- 의상학과 : 저러다가 옷 찢어질라
- 행정학과 : 경찰 불러!
- 법학과 : 너희들 모두 구속감이야
- 경영학과 : 싸우면 둘다 손햅데
- 미생물학과 : 썩을 놈들
- 생물학과 : 박 터지게 싸우네
- 동물학과 : ㅈ나게 싸우네
- 통계학과 : 저놈들! 1주일에 한번 꼴로 싸우네
- 영문과 : Fighting!
- 러시아어학과 : 스발노무스키
- 신문방송학과 : 너희들 누가 보고 있는 줄도 모르나
- 사진학과 : 너희들 찍혔어
- 아동학과 : 아이들 볼까 겁난다
- 건축학과 : 저 녀석들 기초가 안돼 있어

전교 1,2등

전체 학생이 두 명뿐인 시골벽지 중학교.
쉬는 시간에 두 학생이 싸우는 것을 본 교장 선생님 말씀.
"야, 너희들은 전교에서 1,2등을 하는 놈들인데 싸우면 어떻게 하냐?"

한석봉 이야기

"어머니, 제가 돌아왔습니다."
"자, 그렇다면 어서 불을 꺼 보거라."
"예, 그럼 글을 써 보일까요?"
"글은 무슨…. 어서 잠이나 자자꾸나."

도덕시험 문제

어느 고등학교 도덕선생님이 기말고사에 「부모님은 왜 자식들을 사랑하실까요?」라는 문제를 냈다.
맹구는 문제를 접하자마자 단 7글자로 간단히 써냈다. 맹구의 답안 내용은
…………..
「그러게 말입니다.」

어느 수학 교사의 아버님 전상서

　아버님 그간 병환은 "제로"시오며 기운은 "최대값"이실 줄 믿사옵니다. 이 불효자는 한 여성과 교제 "풀이"중입니다. 아버님의 "기대치"에⋯. 절대 "오차"가 없도록 노력하고 있사옵니다. 그녀는 체격면에서는 "가분수"이오나, 성격은 "합동"이라서 그런대로 "대칭"이 잘 될 것으로 예상되오며, 사랑이라는 "삼각 함수"에 "근사치"가 될 것 같사옵니다.
　이 점 몇 번씩이나 "검산"하였으므로 확실한 "정답"이 될 것입니다. 부디 아버님의 자상한 평가 "채점"을 여름방학 전까지 부탁드리오며, 혹시 그래도 점수가 기준치에 미달된다고 생각되시면 언제라도 연락주시면 후일 "야간자율학습"을 통하여 확실한 점수가 되게끔 지도 하겠사오니 다가올 가을 결혼식엔 꼭 "100점"이 되도록 도와주시기 바랍니다.

6장

덕담(德談)
— 가정을 지킵시다

    우리사회 유머 가운데 부부 간이나, 부모자식 사이를 소재로 한 것이 유난히 많은데 거기에는 몇 가지 원인이 있다고 생각된다. 즉 8·15 해방후 6·25 사변을 거치고 60년대까지 매우 어려웠던 시절을 보내면서, 또한 대가족 제도 아래 생활하면서 희로애락의 감정이나 사건이 빈번했을 것이다. 그러나 보고 듣고 겪었던 것을 드러내 놓고 이야기 할 수도 없는 분위기여서 끼리끼리 속삭이듯 주고 받는 유머로 표출되지 않았을까 하는 점이다.
    특히 부자 간에 관련된 유머는 웃음 외에도 어처구니없다는 느낌이 드는 경우가 많은데 이것은 아마도 대가족주의나 독재체제 아래서의 억압을 유머로 해소시켜보려는 시도의 일환이 아니었을까 생각해 본다. 소개된 소재의 상당수가 부모자식이 동석한 자리에서는 활용하기에 부적절한 것이다. 역설적으로 여기에 소개되는 소재들이 현실에서는 나타나지 않아야겠고 날로 황폐해가는 우리의 가정들이 제자리를 찾아갔으면 하는 바람이다.

내 언젠가…
누워서도 잘 보이는데…
한문공부
존댓말
성적표
효자(孝子)
러브호텔 보일러공
몇 개 남았니?
덕담(德談)
한심한 아버지

내 언젠가….

단칸방에 아들 하나 데리고 사는 부부가 섹스를 할 때마다 아들 녀석이 잠들었는지 확인 하는게 큰일이었다.
아버지는 언제나 촛불을 자는 아이 앞에 대고 몇 번 왔다 갔다 하는 방법을 썼다.
그러던 어느 날 마침내 녹아내린 촛농이 아들 눈가에 떨어졌다.
"앗, 뜨거" 하면서 아들 녀석이 중얼거렸다.
"C~8, 내 언젠가 꼭 이런 일 있을 줄 알았어…."

누워서도 잘 보이는데….

가난했던 시절, 대부분의 부부가 단칸방에서 아이들과 함께 기거하였다. 경상도 지방에서 아들 형제와 함께 단칸방에서 사는 어느 가정.(이런 경우 대개 아이들을 부부사이에 재울수 밖에 없다.)

아버지가 조심스럽게 아내와 섹스를 끝낸 후 숨죽이고 자기자리로 돌아가다보니 둘째놈이 벽에 머리를 기대고 앉아 과정을 다 지켜보고 있었던 게 아닌가.

민망한 아버지가 둘째놈을 한방 쥐어 박으며
"쪼맨한 놈이 일찍 잠이나 잘 것이지…."
둘째놈이 머리를 만지며 자리에 누우면서 혼자 중얼거렸다.
"씨발, 빌 것도 아닌 것 구경하다, 아파 죽겠네."
그러자 옆에 누워있던 형이 조용한 목소리로 동생에게 말했다.
"임마야, 거, 눕어서도(누워서도) 잘 비는데(보이는데) 백지(괜히) 뭐할라꼬 일나(일어나) 보다가 쥐맞노(주어 맞냐?), 못난 자슥…."

한문공부

실력은 별로이나 한자공부를 열심히 하는 아들 셋을 둔 아버지가 있었다. 어느 날 아버지가 공부의 진도도 확인할 겸 세 아들을 불러 달력에 있는 요일을 읽어보도록 시켜보았다.

셋째아들 : "월 화 수 목 김(金) 토 일"

둘째아들이 나서서 동생 보고

"그게 아니야. 임마, 잘 들어봐." 하더니

"월 화 수 목 금 사(土) 일"

그러자 큰 아들이

"녀석들 안 되겠군. 잘 들어." 하더니

"월 화 수 목 금 토 왈(曰)"

보다 못한 아버지가 딱하다는 듯이 「이놈들, 한자 공부 다시 시켜야겠네」 하면서 큰소리로

"여보, 여기 왕편(玉篇) 좀 가져와."

존댓말

친구들이 놀러와 고스톱을 치고 있는데 싸가지 없는 아들 녀석이 옆에서 끼어든다. 판에 오동광이 있는걸 보고
"아빠, 저 똥 먹어."
홍싸리 치고 뒤집었더니 홍싸리가 나와 설사한 것을 보고
"아빠, 쌌어."
손에 든 패가 나쁜 걸 보고
"아빠, 죽어."
친구들이 간 다음 아들을 불러 훈계했다.
"야, 이 녀석아 아빠한테 특히, 어른들 앞에서는 경어를 써야지. 네 친구들한테 하듯이 반말을 하면 안 된단 말이야."
며칠 후 친구들과 다시 고스톱판이 벌어졌는데 이 싸가지 없는 녀석 또 끼어들더니
"아버님, 인분 드시지요." (오동광을 가리키며)
"아버님, 사정하셨습니다." (홍싸리 설사한 것 보고)
"아버님, 작고 하십시오." (패 나쁜 것 보고)

성적표

말썽꾸러기 아들 녀석이 학교 성적표를 가져왔는데 아버지가 보니 체육만 "양"이고 나머지 과목은 모두 "가"였다.
아버지가 아들에게
"야! 너 아무래도 한 과목에만 너무 치중 하는거 아니냐?"

효자(孝子)

힘들게 대학에 입학해서 첫 학기를 마치고 난 후에 부자 간의 대화.
"아버지, 기쁜 소식 하나 있어요!"
"뭔데?"
"제가 첫 학기에 F학점을 면하면 상금으로 30만원 주시기로 하셨잖아요?"
"그랬지."
"그 돈 아버지가 쓰세요."

러브호텔 보일러공

　IMF 이후 일자리 구하기가 어려웠던 시절. 빈둥빈둥 놀고 있던 경상도 어느 집 아들 형제 중 형이 며칠 서울을 다녀오더니 아버지한테
　아　들 : "아부지요. 저 이번에 서울 가서 취직 했심더."
　아버지 : "그래 잘됐다. 그런데 무슨 회사 어떤 자리냐?"
　아　들 : "예, 러브호텔에 보일러공으로 취직 됐심더."
　시골 아버지라 「러브호텔」, 「보일러공」이 무엇인지 모르겠어서 둘째 녀석한테 물었다.
　아버지 : "야야, 느그헹(형)이 어디에 취직 했다는기가?"
　둘　째 : "아부지요 그게 말이죠, 저 빠구리 하는 여관에 군불 때는 자리에 취직됐다는 이야기라요."

멘트 : 「빠구리」는 섹스행위의 경상도 사투리. 호남지역에서의 「빠구리」는 학교수업 빼먹는 것을 뜻하므로 이 이야기는 경상도 가족이라야 성립됨.

몇 개 남았니?

어느 날 아빠가 찐빵 다섯 개를 사가지고 와서 중학교 다니는 아들을 불러 같이 먹게 되었다.

시장기가 있었던 아버지는 찐빵을 꺼내 놓으면서 눈 깜짝할 새에 3개를 먹고 다소 계면쩍기도 해서 조금은 장난스레 아들에게 물었다.

"자, 찐빵 5개 중에서 아빠가 3개를 먹었다. 그럼 몇 개 남았니?"

아들이 기가 막힌다는 듯이 대답했다.

"혼자 맛있게 먹고 왜 물어?"

덕담(德談)

설날 아침 차례 지내고 난 후 음복을 좀 많이 해서 아침부터 술에 취한 아들이 덕담한답시고 아버지한테 던진 이야기.

"아빠, 한 30년 같이 지냈는데 우리 이제 말 좀 틀까요?"

한심한 아버지

회사에 다니는 딸이 어느 날 저녁 엉엉 울면서 아버지한테 하소연했다. 딸의 말은 회사 사장에게 성폭행을 당했는데 임신을 하게 되었다는 것이었다.

이튿날 아버지는 회사로 달려가 사장에게 우리 딸 책임질거냐고 따졌다.

사장이 말했다.

"딸과 아버님에게 정말 미안하게 되었습니다. 만약에 따님이 아들을 낳으면 1억원을 딸을 낳으면 5천만원을 위자료로 드리겠습니다."

그러자 그 아버지가 하는 말

"그래요? 그런데 만약 우리딸이 유산하게 되면 다시 한번 기회를 주시겠습니까. 사장님."

7장

"스님, 어디 가십니까?"
— 깜빡 깜빡 하지 맙시다

　적지 않은 사람들이 40대 후반에 접어들면 간단한 사항을 잊어버리는 경험을 하게 되고 50대 들어서면서 이와 같은 빈도가 잦아지는 체험을 하게 된다. 이때쯤이면 치매에 대한 막연한 불안감 같은 것을 떨쳐버리기라도 하려는 듯 기억력 감퇴에 따르는 가벼운 건망증을 과장하여 「치매에 관련 되는 유머」로 주고받는 경우가 많아진다.
　여기에 소개된 소재들은 몇 차례 깜빡하는 경험이 있는 50세 이후 사람들이 훨씬 실감나고 재미있게 받아들인다.

불광동 갑시다
약속
스님, 어디 가십니까?
전기다리미 코드
30층에 사는 치매증 환자
치매 증상의 자가진단 요령
예비 진단

불광동 갑시다

치매증이 있는 어느 친구가 택시를 잡아 "불광동 갑시다." 하고 올라탔다. 한 10분쯤 달리다가 운전기사에게 물었다.
"내가 아까 어디 가자고 했지요?"
한데 치매 증상이 훨씬 심한 운전기사 대답이 걸작이었다.
"야! 임마, 너 언제 탔어?"

※ 영어로 옮겨져 있음. 16장 영어유머편(6)

약속

친구들 몇이서 골프를 화제로 저녁을 먹다가 한 친구가 치매증이 있는 친구에게 다음 다음주 토요일에 골프 한번 같이 치자고 제안하였다.

치매증이 있는 친구는「좋지, 그런데 잊어버리기 전에 수첩에 적어두어야겠다.」고 하면서 수첩을 꺼내 정해진 날에 기록해 두었다. 식사가 다 끝나서 헤어지기 전 골프치자고 제안한 친구가 치매증 있는 친구에게

"야! 너 다음 다음주 토요일 골프약속 잊지 말어."하자

치매증 친구가「알았어, 잘 적어둬야지.」하면서 수첩을 꺼내보더니

"어라? 나, 그날 선약 있는데…."

※ 영어로 옮겨져 있음. ■☞ 16장 영어유머편(7)

스님, 어디 가십니까?

　치매증이 있는 불교신자 한사람이 부지런히 불국사를 가고 있었다. 한참 가다가 같은 방향으로 가는 스님 한 분을 만났다.
　"스님, 어디 가십니까?"
　"나, 불국사로 갑니다."
　앞서거니 뒷서거니 가다가 10분쯤 지나 다시 스님에게 물었다.
　"스님, 어디 가십니까?"
　"나, 불국사에 갑니다."
　계속 앞서거니 뒷서거니 걸어가면서 수차례 똑같은 문답을 더 주고 받은 뒤 신자가 한마디 덧붙였다.
　"스님, 오늘 불국사에서 법회가 아주 크게 열리는 모양이죠? 만나는 스님마다 불국사에 간다고 하니 말씀이죠."

　멘트 : 똑같은 스님한테 같은 문답을 주고받았는데.

전기다리미 코드

할아버지 할머니 둘이 살고 있었는데 나이가 들어가면서 자꾸 깜빡 잊는게 늘 걱정이었다. 그 중에서도 가장 염려되는 것이 외출할 때마다 전기다리미 코드를 빼놓는 일이었다. 수시로 외출할 때마다 집을 나섰다가 「아차」 싶어서 다시 돌아와 다리미의 코드 뺀 것을 확인하면서 지냈다. 그러다가 어느 때 자식들 덕분에 영감 노친네 내외가 일본으로 효도관광을 가게 되었다.

비행기가 이륙한 직후 할머니가 갑자기 전기다리미 코드가 걱정되어 할아버지한테

"영감, 우리가 다리미 코드를 빼고 떠났을까요?" 걱정하며 물었다.

그랬더니 할아버지가

"응, 걱정 말어 이번에는 내가 확실히 뽑았지." 하면서 여행가방에서 전기다리미를 꺼내 보여 주는 게 아닌가!

※ 영어로 옮겨져 있음. ■☞ 16장 영어유머편(8)

30층에 사는 치매증 환자

치매증 있는 회사원이 고층아파트 30층에 살고 있었다.
어느 날 이 남자는 회사에서 돌아와 엘리베이터가 고장나 있는 것을 보고 그 자리에서 기절했다. 할 수 없이 정신을 차려 힘들게 30층에 올라가서 다시 기절. 그 사이에 엘리베이터가 작동되고 있었다. 아파트 현관문을 열다가 또 기절. 자기가 사는 동이 아니었다.
제대로 옆동으로 가서 30층을 올라갔고 현관문 손잡이를 잡는 순간 기절. 열쇠를 차에다 두고 온 것이었다.
다시 내려와서 자동차 문을 열려고 키를 찾다가 또 기절. 열쇠는 주머니에 있었다. 다시 올라가서 현관문 손잡이를 돌리는 순간 또 기절. 현관문이 잠거 있지 않았디.
기진맥진 들어가서 좀 쉬려고 소파에 주저앉아 벽시계를 보는 순간 또 기절. 벌써 출근시간이었다. 옷을 갈아입고 회사 앞에 도착한 순간 또 기절. 오늘은 휴일이었다.
다시 집에 돌아와서 잠옷으로 갈아입고 침대에 누워 자려는 순간 또 기절. 그날 당직이었던 것이다.

> 멘트 : 이쯤 되면 그야말로 상당히 헷갈리는데 다른 사람한테 전달할 때도 순서가 틀리지 않도록 신경써야 합니다.

치매 증상의 자가진단 요령

치매증상은 대체로 다음 단계와 같이 심해진다고 하니 나이가 들어가면서 가끔은 스스로 진단해 보시도록

(생리작용과 관련된 증상)
1단계 : 화장실 가서 소변 보고 난 후 지퍼를 안 올리고 나온다.
2단계 : 화장실 가서 지퍼를 안 내리고 소변을 본다.
3단계 : 손자 안고 오줌 눈다고 "쉬"하면서 자기가 소변본다.
4단계 : 아내와 섹스를 마친 후 자기집 전화번호 알려주면서 가끔 연락하라고 한다.
5단계 : 자기 아내와 섹스를 끝낸 후 10만원짜리 수표를 건네 준다. "수고했다."고 하면서
아내도 치매일 경우에는 10만원짜리 수표 받고 남편에게 5만원을 거슬러 준다.
6단계 : 부부가 한참 일을 벌이고 있는데 현관문 벨소리가 울리자 아내가 "이봐요. 우리 남편 왔어요. 얼른가세요." 이 말을 들은 남편이 알몸으로 아파트 창문 밖으로 뛰어내린다.
7단계 : 자다가 숨쉬는 것 잊어버려 세상을 떠난다.

(일상생활에서 나타나는 증상들)

○ 출근할 때 일주일에 한두 번은 시계, 핸드폰, 지갑 중 하나는 반드시 두고 온다. 어떤 때는 차 키를 안 가지고 내려와서 다시 올라간다. 그런데 집에도 없다. 알고 보니 내 손에 매달려 있다.

○ 집에다가 전화 한다는게, 가까운 친구에게 전화해서 "어? 너 왜 거기 있니?" 하고 따져 묻는다. 그리고 "미안해~." 하고 끊고 나서 잠시 후에 또 그 친구에게 걸고는
"어? 너 아직두 거기 있니?"

○ 일요일에 결혼식장에 간다고 나서서 회사 가는 길로 열심히 차를 몬다. 한참 가다가 「어라? 내가 왜 회사로 가지? 오늘 쉬는 날인데….」 그리고는 곧장 집으로 돌아온다.

○ 비디오를 빌려다 본다. 중간쯤 보면 내가 예상했던 각본대로 진행되는걸 보면서 매우 흐뭇해 한다.
「역시 난 작가적 소질이 있어.」
그때 옆에서 아들이 "아빠~! 이거 또 봐?"

예비 진단

치매 증세를 염려한 사람이 의사에게 갔다.
"제가 기억상실증에 걸린 것 같은데요."
"언제부터 그랬습니까?"
"뭐가 언제부터 그랬다는 겁니까?"

8장

"마, 최선을 다해 주시오"

― 식당에서 있었던 일

식당이라는 장소는 언제나 여러 사람이 모이고 만나는 곳이라 자연스레 여러 가지 「해프닝」이 벌어진다. 더욱이 나라마다 음식이 다르고 식생활 습관도 다양해서 또한 각국 사람들의 상호왕래가 빈번해지면서 이렇게 저렇게 얽히는 이야기꺼리가 많을 수밖에 없겠다.

어느 모임이든 대개의 경우 식사 순서가 들어있게 마련이다. 이런 경우 여기에 소개하는 식당 관련 소재를 적절히 활용할 수 있을 것이다. 듣는 사람들이 해외여행을 해 본 사람들이면 외국식당 이야기를 곁들이는 것도 좋을 듯 하다.

침묵으로 친구가 되려면 10년이 걸리고 대화를 통해서 친구가 되는데는 1년, 식사를 같이 하면서 친구가 되는데는 1시간이면 된다고 한다. 다소 과장된 이야기겠으나 「밥을 같이 먹는다」는 것은 그 만큼 대인관계에서 중요한 요소임을 강조하는 뜻이겠다. 식사를 하면서 유머 한 두 마디 곁들인다면 금상첨화가 아니겠는가.

프랑스 식당에서
스페인 식당에서
중국 식당에서
뉴욕 식당에서
러시아 식당에서
양식당에서
SNACK 식당에서
한식당에서 I
한식당에서 II
남탕, 여탕

프랑스 식당에서

어느 친구가 프랑스 여행 중 파리 시내에 있는 유명 식당에서 저녁을 먹게 되었다. 그런데 특이한 것은 웨이터가 매번 엄지손가락을 음식에 푹 담가서 날라다가 식탁에 놓는 것이었다. 다소 이상하게 느끼면서도 이 집은 일류식당이니 좀 색다르게 서브하는가 보구나 생각하면서 먹었는데 마지막 디저트로 뜨거운 커피를 가져오는데 역시 엄지손가락을 담근 채였다.

이 친구 도저히 참을 수 없어 드디어 따져 물었다.

"여보, 당신은 어쩌자고 손님 먹는 음식에 엄지손가락을 담그는 거요. 불결하게 느껴져 편히 먹을 수가 없지 않소."

"손님, 대단히 죄송합니다. 실은 제가 일주일 전에 엄지손가락을 다쳤는데 의사선생님이 「손가락을 항상 뜨듯하게 해야 된다.」고 해서 할 수 없이 그만…."

손님이 화가 나서

"야, 이 친구야 그럼 네 손가락을 항문에다 꽂고 집에 있으면 될 거 아니야."

"네, 안 그래도 주방에 있을 때는 그렇게 하고 있지요."

멘트 : 영어로 That's what I do in the kitchen을 덧붙이도록 합니다.

스페인 식당에서

스페인에 있는 어느 투우장 사장의 유일한 즐거움은 매일 투우에서 죽는 소의 불알을 잘 구운 스테이크로 먹는 것이었다.

그런데 어느 날인가 매번 먹던 축구공만한 소불알 스테이크 대신 탁구공만한 스테이크가 나왔다.

사 장 : "야! 이놈아 오늘 스테이크는 왜 이렇게 작으냐?"

웨이터 : "사장님, 죄송합니다. 가끔 있는 일이긴 한데 오늘은 투우사가 죽었습니다."

중국 식당에서

젊은 친구 셋이서 어느 날 중국집에 갔다. 한 친구는 우동을 시키고 다른 친구 두 명은 자장면을 시켰다. 웨이터는 바로 주방에다 대고 소리쳤다. "우짜짜"

그러자 잠시 후 우동 하나에 자장 두 개가 나왔다. 그런데 조금 있다 7명이 들어왔다. 그들은 우동 3개에 자장 4개를 시켰다. 역시 웨이터는 또 주방 쪽에다 대고 소리쳤다.

"우짜 우짜 우~짜짜"

그러자 그들이 주문한 것이 정확하게 나왔다. 아주 효율적인 의사소통방법 같았다.

그런데 잠시 후 20여명이 단체로 한꺼번에 들어왔다. 그러더니 주문도 가지각색이었다.

우동3, 자장5, 짬뽕2, 탕수육2 등등… 아무튼 꽤나 복잡하게 시켰다.

이쯤되면 과연 어떻게 주방에 전달하나가 관심일 수 밖에. 그런데 웨이터는 단 다섯 마디로 간단히 전달하는 것이었다.

주방을 향해 큰소리로 "니도 들었지?"

멘트 : 웃음이 끝난 후 「이런 이야기 들으면서 꼭 "우짜 우짜 우짜짜"가 우동 셋, 자장면 넷이 맞는 숫자인지 손가락으로 일일이 세어보는 사람이 있습니다. 좀 딱한 사람이지요.」를 덧붙여 다시 한번 웃음을 유발하도록 합니다.

뉴욕 식당에서

신속한 서비스를 자랑하는 뉴욕 맨하탄에 있는 어느 식당에 갔다. 식단을 보고 주문을 한 뒤 물 한 모금을 마시다 보니 웨이터들이 모두 뒷주머니에 숟가락을 하나씩 넣고 다녔다. 특이하다 싶어 웨이터를 불러 물었다.

"아니, 왜들 뒷주머니에 스푼을 찔러 넣고 다니는거요?"
"네, 저희들은 항상 손님에게 신속한 서비스를 해드리는 것을 지상 목표로 하고 있습니다. 통계적으로 보니까 저희들을 찾는 손님들 중 약 20%가 숟가락을 달라고 했기 때문에 언제나 즉시 내 드릴 수 있도록 뒷주머니에 넣고 다니는 거죠."

그것도 그렇겠다 싶어서 그냥 지나쳤다. 그런데 식사를 하다 자세히 보니 웨이터들마다 허리춤 앞자락으로 하얀끈이 매달려 있었다. 다시 물었다.

"거, 앞자락에 하얀끈은 무엇이요?"
"네, 그거요. 저희들도 사람이니깐 일하다 보면 화장실 갈 일이 있지요. 이 끈은 「물건」에 연결이 되어 있는데 소변 볼 때 손을 안대고 끈을 잡아 당겨서 「물건」을 꺼내 일을 봅니다."

「거참 위생적이겠군」하고 고개를 끄덕거리다가 순간 의문이 생겼다.

"취지는 알겠는데 그렇다면 일을 끝 낸 후에 「물건」을 도로 넣을 때는 어떻게 하는지요?"
"그야 물론 숟가락으로 집어 넣지요."

러시아 식당에서

우리나라에서 러시아 여행이 시작된 80년대 초의 일이다. 어느 사업가가 러시아에 가서 식당엘 갔는데 종업원은 영어가 안 되고 이 사람은 러시아어가 안 되어 주문이 어렵게 되었다. 무엇을 먹나하고 사방을 둘러보는데 옆 테이블에 중동 사람이 오더니 웨이터를 불러 세우고 지퍼를 내려 아랫도리를 보여주는게 아닌가. 웨이터가 알았다는 듯이 고개를 끄덕이고 가더니 조금 있다 큰 오이만한 소시지 1개와 달걀 2개를 갖다 주었다.

「옳다 됐다」싶어 이 사업가도 웨이터를 부른 다음 아랫도리를 보여 주었는데 잠시 후 가져온 음식은 자그마한 풋고추 1개와 메추리 알 2개였다.

양식당에서

부동산 투기 한 건으로 돈을 번 친구가 친구들한테 한 턱내게 되었는데 모처럼 칼질 좀 하자고 스테이크를 잘하는 양식당에 갔다.
웨이터가 와서 주문을 받으며 고기를 어느 정도 구워야 되는지 물었다.
웨이터 : "어떻게 해드릴까요."
친구A : "아, 난 레어(Rare)로 주시오."
친구B : "난 웰던(Well-done)으로"
모두 영어로 나오는데 한 턱내기로 한 친구는 스테이크를 처음 먹는데다가 영어도 짧아 마음속으로 어떻게 해야 하나 걱정이 태산 같았다. 그런데
친구C : "난 미디엄(Medium)으로 할거야." 하는 게 아닌가.
이 친구 휴~ 살았다 싶어 웨이터가 어떻게 해드릴까요 하니까.
"아, 난 라지(Large)로 하지. 뭐."
그런데 마지막 한 친구의 주문이 특이했다.
웨이터가 "어떻게 해드릴까요." 하니까 잠깐 생각하는 척하더니
"마~ 최선을 다해 주시오."

SNACK 식당에서

할아버지 할머니가 모처럼 데이트 한다고 외출해서 시간을 보내다가 조금 쉴 겸해서 요즈음 흔한 셀프서비스(Self Service) 커피점에 들어갔다. 자리를 잡고 앉아서 한참 기다려도 아무도 오지 않길래 할아버지가 여종업원을 불렀다.
"야, 여기 주문 안 받냐?"
"할아버지, 여긴 셀프(Self)인데요."
"그래? 그럼 셀프(Self) 두 잔 가져와."

한식당에서 Ⅰ

아주머니 둘이 한식당에 가서 주문을 했다.
아주머니 A : "난 곰탕 보통으로"
아주머니 B : "난 갈비탕 보통으로"
그러자 웨이터가 주방에다 대고 소리쳤다.
"3번 테이블에 곰보하나 갈보하나요."
이 말을 들은 아주머니 A가 B에게 던지는 말
"얘, 쟤가 내 얼굴보고 '곰보'라고 하는 것은 알겠는데(얼굴이 살짝 곰보였으니) 네가 갈보인지는 어떻게 알았을까. 참 신기하네."

한식당에서 II

어느 신사가 한식당에 들어갔다.
웨이터가 물 한잔 갖다 놓으면서 뭘 드시겠냐고 물었다.
뭘 먹을까 생각하면서 웨이터 얼굴을 쳐다보았는데 이 녀석 오른손을 항문 쪽에 대고 우물우물 하는 게 아닌가.(이런 경우 가끔 겪는다.)
확 기분이 상한 신사가 물었다.
"야, 치질 있냐?" 그랬더니 웨이터 대답
"우리 집은 그런 것 안 파는데요."

남탕, 여탕

　학교 도서관에서 시험공부를 하던 남녀 대학생 여러 명이 학교 인근에 있는 "할머니식당"으로 저녁을 먹으러 갔다. 그런데 메뉴판에는 "남탕", "여탕"이라는 두 가지 메뉴밖에 없었다.
　학생들은 「메뉴가 머 저래?」하면서 할머니를 불렀다.
　"할머니, 할머니."
　할머니가 「왜그랴.」하면서 다가왔다.
　"할머니 남탕은 머구 여탕은 머예요?"
　할머니가 하는 말
　"니그덜이 지금 몇 살이냐, 니그덜 아직도 아그덜이냐? 남탕은 알탕이고 여탕은 조개탕이지."

9장

"천지삣깔이"
— 사투리의 묘미

크지 않은 나라지만 사투리가 꽤나 다양한 편이다. 여기에 소개되는 소재들은 각각 해당되는 지역의 사투리를 상당한 정도로 구사할 수 있어야 제 맛이 난다. 여러 가지 사투리를 익히는 것은 당연히 별도의 노력을 필요로 하는 일이겠다.

충청도와 전라도
말의 장단
면접시험에서
사투리와 영어
군 훈련소에서
태산이 높다하되(사투리 버전 Ⅰ)
시편 23(사투리 버전 Ⅱ)
카바레에서(사투리 버전 Ⅲ)

충청도와 전라도

충청도 출신의 순경이 도망가는 전라도 태생의 도둑을 향하여 느릿~한 말투로 소릴 질러댔다.

"아, 이봐 서~." 도둑이 계속 달아나니 권총을 뽑아들고 쏠 듯한 제스처까지 쓰면서

"이봐, 스라니께, 안 스면 쏴~."

이 때 도망가던 도둑이 고개를 획 돌리더니 빠른 전라도 사투리로

"야! 니 같으면 스것냐?"

말의 장단(長短)

세 청년이 한담을 나누다가 화제가 말의 장단에 미치자 경상도 청년이 우쭐해서 한마디 했다.

"말이 간단하고 짧기로는 경상도가 으뜸인기라 아침에 일나서 (일어나서) 손자가 할머니한테 인사말 하는데 서울 사람 같으면「할머니 안녕히 주무셨습니까?」의 12자인데 우리 경상도는 단 3자로 표현한다 이말이야. 즉「할맹교?」"

서울 청년이 끄덕거리며 수긍하자 충청도 청년이 이의를 제기했다.

"그렇지도 않을꺼구먼. 가령 댄스홀에서 남자가 여자에게 춤 한곡 청할 때 표현을 보자구.
서울 사람은 (한곡)「추시겠습니까?」
경상도 사람은「출라예?」인데
충청도 사람은「출껴?」로 끝난단 말이여."

그밖의 사례를 더 보면:

사례 Ⅰ
표준어 : 정말 시원합니다
경상도 : 억수로 시원합니더
전라도 : 겁나게 시원해버려라
충청도 : 엄청 션해유

사례 Ⅱ
표준어 : 빨리 오세요
경상도 : 퍼뜩 오이소
전라도 : 허벌라게 와버리랑께
충청도 : 빨와유

사례 Ⅲ
표준어 : 괜찮습니다
경상도 : 아니라예
전라도 : 되써라
충청도 : 됐슈

사례 Ⅳ
표준어 : 이 콩깍지가 깐 콩깍지인가 안 깐 콩깍지인가
충청도 : 깐겨, 안깐겨?

면접시험에서

경상도 친구가 서울 올라와서 입사시험을 보게 되었다. 면접 보는 자리에서 서울이 고향인 사장이 물었다.

"그래. 자네는 혹 우리 회사에 합격이 되면 서울에서 먹고 잘 만한 친척집이라도 있는가?"

그랬더니 이 경상도 친구 대답이 "쌔비릿다 아입니까."였다. 사장이 무슨 뜻인지 몰라 경상도 출신의 전무에게 물었다.

"저 친구 지금 뭐라고 한거요?"

전무의 대답인즉

"천지뻿깔이라 카네요."

("천지뻿깔" "쌔비릿다"는 모두 「많다」「널려있다」는 뜻이다)

사투리와 영어

부산의 시외버스 정거장에서 경상도 할머니가 버스를 기다리고 있었는데 미국 청년 한사람이 와서 같이 기다리게 되었다. 잠시 후 버스가 오는 것을 보고
    할머니 : "왔데이"
    미국인 : "몬데이"("왔데이"라는 경상도 사투리를 이 미국인은 What day of the week? 즉 오늘이 무슨 요일인지 묻는 줄 알고 마침 월요일이라 "몬데이"로 대답)
    할머니 : "버스데이"(미국인이 뭐냐고 물은 줄 알고 "버스"라고 대답)
    미국인은 그 말을 듣자 손뼉 치며 「Happy Birthday to you」노래를 불렀다.(할머니의 생일인 줄로 이해했다.)
    중간에 할머니가 내리고 이 미국인은 목적지인 대전에 도착하여 이발하러 갔다. 이발소에 들어서니 주인이 충청도 사투리로 인사
    이발소 주인 : "왔시유~." 하니까
    미국인 : "미러"("왔시유"를 What do you see? 무엇을 보느냐?로 이해하고 이발소 들어가서 거울을 보게 되니 거울(Mirror)을 본다는 뜻으로 "미러"로 대답)
    그랬더니 이발소 주인은 "미러"를 "밀어"로 이해하고 바리캉으로 이 미국인의 머리털을 다 밀어버려 졸지에 대머리가 되었다.

곤욕을 치른 이 미국인은 대전에 살기 시작하면서 열심히 한국말을 배웠다. 한 달쯤 후 다시 이발하러 가면서 이발소 주인이 "왔시유"하면 「난 당신의 발을 보고 있다」고 대답하기로 하고 마음속으로 한국말 연습을 했다. 그런데 막상 이발소에 들어서서 주인이 "왔시유~."하자 갑자기 「본다」는 한국말이 생각나지 않았다. 그리하여 기껏 한다는 대답이
「아이 씨(I See)발」이었다나.

군 훈련소에서

서울 청년들이 군에 입대하였는데 소대장은 경상도 친구였다.

어느 날 폭탄 터질 때 피하는 훈련을 하게 되어 훈련병들이 앞으로 전진하는데 수류탄이 날라 오자 소대장이 "말캉 수구리"(모두 엎드려)하고 소리쳤다.

사투리를 못 알아들은 서울 출신 훈련병들이 뻣뻣이 서 있다가 다수가 다쳤다. 다음번 같은 훈련을 받게 되었을 때 소대장은 사전 설명을 했다.

「말캉 수구리!」는 「모두 엎드려!」란 뜻이라고.

전진하는 도중 수류탄이 날라 오자 소대장이 소리쳤다. "말캉 수구리!"

훈련병들이 모두 엎드려 무사했고 잠시 후 일어나서 계속 전진했다. 두 번째 수류탄이 날아오자 소대장이 소리쳤다. "아까 맹키로."

말뜻을 못 알아들은 훈련병들이 뻣뻣이 서 있다가 또 다치는 사고가 났다. 「아까 맹키로」가 「아까처럼」이라는 설명을 못 들었으니 당연한 결과였다.

태산이 높다하되(사투리 버전Ⅰ)

(원문)
태산이 높다 하되
하늘 아래 뫼이로다
오르고 또 오르면
못 오를이 없건마는
사람이 제 아니 오르고
뫼만 높다 하더라.

(경상도 버전)
태산이 놈따커모
지 얼마마이 높을끼고
하늘 아래 쬐껜한 뫼 아이가 그자
올라가고 또 올라가모
몬 올라갈 문디 자슥 어딨겠노 말이다
사람들은 지는 올라가보도 안하고
뫼만 높다카이 아 참말 죽을지경이라.

(전라도 버전)
태산이 높다 하건들
진장 지가 월메나 높을 것이여, 잉
하늘아랜 쪼간한 뫼여

아 올라가고 또 올라가면
못 올라갈 놈이 워딧겄어
사람들은 올라가 보덜 않고
아 뫼만 잔뜩 높다고 하는디
환장하겠당께 참말로.

(충청도 버전)
태산이 높으면
지가 월매나 높데유
하늘 아래 작으면 뫼 아니건는게벼
올러가고 또 올러가면
뭇 올러갈 놈이 워디 있건디유
사람들은 올러 보지도 안쿠서
뫼가 높다고 허는디
엄청 답답허구먼유

(평안도 버전)
태산이 높으문
거, 제시따우레 얼마나 높갔어
하늘 아래 죄시꺼만 뫼디 거저
올라가구 설라무네 저 거시카니 올라가문
아, 거, 못 올라갈 놈이 어드메 있갔어, 고럼

사람들은 말이야 거저 올라 갈라구 넘은 티디않고
뫼만 높다 기러는데
야 이거 정말 죽갔구나야

(함경도)
태산이 높다믄
지 얼마나 높겠읍찌비
하늘 아랜 조끄만 뫼 아이겠소
올라가고 또 올라가면 거 올라 못 갈
종간나 아새끼들 어디 있겠읍찌비
사람들은 제 올라가진 않구 거 뫼만 높다니
정말 아 죽을 지경 아이겠소

멘트 : 이 소재의 전달은 사투리를 익혀야 함은 물론 특히 억양과 말의 속도에서 적절히 맞추어야 한다. 그렇지 못하면 자칫 '썰렁' 해지기 쉽다.

시편 23(사투리 버전Ⅱ)

(원문)

여호와는 나의 목자시니 내가 부족함이 없으리로다.
그가 나를 푸른 초장에 누이시며 쉴만한 물가로 인도하시는도다.
내 영혼을 소생시키시고, 자기 이름을 위하여 의의 길로 인도하시는도다.
내가 사망의 음침한 골짜기로 다닐지라도
해를 두려워하지 않을 것은 주께서 나와 함께 하심이라.
주의 지팡이와 막대기가 나를 안위하시나이다.
주께서 내 원수의 목전에서 내게 상을 베푸시고
기름으로 내 머리에 바르셨으니 내 잔이 넘치나이다.
나의 평생에 선하심과 인자하심이 정녕 나를 따르리니
내가 여호와의 집에서 영원히 거하리로다. 아멘.

(경상도 버전)

여호와는 마, 내 목잔기라
그라이 내사 마 답답할게 없데이
저 시퍼런 풀 구덩이에 내사 마 자빠져 자고
션한 또랑가로 낼로 잡아 땡기신데이
우짜던지 정신차리고 올케 살아라 카심은
다 당신 체면 때문이시라카네

내 디질뻔한 골짜 구디의 껌껌한데서도
그 빽이 참말로 여간 아닌기라
주의 몽디이와 짝대기가 낼로 맨날 지키시고
내 라이벌 죽일놈의 문디 자슥들 앞에서
내 대가리에 지름을 바르고
낼로 팍팍 키와 주시니 내사 뭔 걱정이 있건노 말이다
내 인생이 억수로 복잡타케싸도
저 양반이 맨날 지키줄틴깨로
내사 마 우짜든지 그 옆에 딱 붙어가
때리 지기도 안 떠날꺼데이.

(충청도 버전)
여호와는 염생이 같은 지를 키우시고 멕이시는 분이시니
지가 부족한 것이 엄네유
그 분이 지를 무지 파란 풀밭에 어푸러지게 하시며
조은 둠벙 가생이로 인도하여 주셔유
지 영혼을 살려주시구유
그분의 함짜를 위하여 의의 질루 인도하시는 것이지유
지가 주거 나자빠질도 모를 깜깜하고 칙칙한 골짜구니로 댕겨두
해꼬지를 무서않는 것은 주님께서 지와 같이 하시기 때문이지유
하마 주님의 지팽이와 막대기가 지를 지켜주시네유
주님께서 지 웬수의 면전에서 상다리가 부러질정도로 잔치를

여시구

    지름으로 지 머리에 발라주시니 지가 몸둘 바를 모르겠네유

    시방두 지 잔이 넘치네유

    지 평생동안 선하심과 인자하심이 참말루 지를 따라 댕길모냥이니

    지가 여호와의 집에 아예 푹 눌러 살것시유.

(전라도 버전)

    아따! 여호와가 시방 나의 목자신디 나가 모자란 것이 있것냐?

    그 분이 나를 저 푸러브른 초장에서 쉬라고 해불고

    내 뻐친 다리까장 쪼까 쉬어불 게 할라고 물가스로 인도해뿌네!(어째스까! 잉)

    내 영혼을 겁나게 끌어 땡겨불고 그 분의 이름을 위할라고

    올바른 질 가테로 데려다줘뿌네

    나가 산꼬랑가 끔찍한 곳에 있어도 검나불지 않은 것은

    주의 몸뚱이랑 짝데기가 쪼깐한 일에도 나를 지켜준다 이거여!

    아따! 주께서 저 싸가지 없는 놈들 앞에서

    내게 밥상을 챙겨주시고 내 대그빡에 지름칠해 주싱께로

    참말로 나가 기쁘당께로! 잉

    나가 수꾸락을 잡고 있는 한 그 분의

    착하심과 넓으신 맴씨가 나를 징하게 따라당긴께로

    나가 어찌 그 분의 댁에서 묵고 자고 안하것냐…(워매 좋은 거…)

카바레에서(사투리 버전Ⅲ)

아줌마들이 카바레에서 괜찮은 제비와 춤을 출 때 표현을 각 지방별로 보면

서울깍쟁이 아줌마
아~ 너무 좋아요.
다음에 우리 또 만나요. 아~!

능청떠는 충청도 아줌마
몰러유, 나~ 죽어유~

솔직히 감정을 표현하는 전라도 아줌마
으~메 조은거, 으~메 죽이는거.

화끈한 경상도 아줌마
내를 쥐기뿌라! 고마.

북한 아줌마
고저, 이 종간나 새끼땜에 내레 정신을 못 차리가서 야.

10장

"Hello, Mr. Monkey"
— 동물의 세계

여기에 소개되는 것은 동물과 사람과의 관계, 동물 상호 간의 관계를 상정한 유머 소재이다. 우리나라와 같이 금년이 원숭이 해인 경우에는 새해 모임에서 원숭이 이야기부터 시작해 보는 것도 좋은 단초가 될 것이다.

원숭이와 약장수
원숭이와 비행기 사고
인간의 진화
무지 빠른 닭
울지 않는 장닭
대구의 "김꼬마"
닭대가리
사자 이야기
곰사냥

원숭이와 약장수

원숭이를 훈련시켜 음악을 틀어주면 춤을 추게 해서 사람들을 끌어 모은 후 약을 파는 약장수가 있었다.

어느 날 비교적 젊은 사람들을 모을 필요가 있어 원숭이에게 「Hello, Mr.Monkey」라는 곡을 틀어주었는데 원숭이가 꿈쩍도 않고 심각한 표정으로 앉아 있었다.

약장수 : "야! 이놈아 오늘은 신나는 음악을 들려주는데 왜 춤을 안 추느냐."고 나무랐더니

원숭이 : "야! 너는 애국가가 나와도 춤을 추냐? 미친놈…."

※ 영어로 옮겨져 있음. ■☞ 16장 영어유머편(9)

원숭이와 비행기 사고

　LA공항을 이륙한 제트여객기 한 대가 이륙 후 1시간쯤 되어 태평양 바다위에 추락하였다.
　구조대가 날아와 사고지점을 샅샅이 뒤졌으나 최후로 발견한 것은 비행기 날개 위에 몸을 의지하고 떠있는 원숭이 한 마리 뿐이었다. 결국 사고 원인을 조사할 수 있는 것은 원숭이 뿐이었는데 말이 안 통하여 6개월간 훈련시켜서 겨우 의사소통이 가능하게 되자 조사를 시작했다.

　조사원 : "사고 당시에 너는 어디 있었나?"
　원숭이 : "조종실안에"
　조사원 : "사고 순간에 기장은 뭘 하고 있었나?"
　원숭이 : "트럼프카드를 돌리고 있었습니다."
　　　　　(말하면서 카드 돌리는 제스처를 같이 하도록)
　조사원 : "그럼, 그때 부기장은 뭘 하고 있었나?"
　원숭이 : "카드(패)를 쪼이고 있었습니다."(역시 제스처도 함께)
　조사원 : "그럼, 원숭이 너는?"
　원숭이 : "저는 오른손으로 샌드위치를 먹으면서 왼손으로 핸들(조종간)을 잡고 운전 중이었죠."(제스처도)

멘트 : 그러니 비행기가 추락할 수 밖에

※ 영어로 옮겨져 있음. ■☞ 16장 영어유머편(10)

인간의 진화

인류학(人類學) 기말고사 시간.
교수는 칠판에 커다란 글씨로 시험문제를 썼다.
「인간이 원숭이로부터 진화(進化)했음을 언어학적 측면에서 논하라.」
맹구는 문제를 보자마자 주저 없이 답안을 써 내려갔다.
「우리는 흔히 남자들이 슬그머니 자취를 감출 때 "꽁무니를 뺀다."고 하고 여자들이 아양을 떨 때 "꼬리를 친다."고 한다. 이로 미루어 볼 때 인간은 원숭이에서 진화 발전했다는 점에 확신을 가질 수 있다.」

무지 빠른 닭

어느 재벌집 2세가 최신형 스포츠카 포르쉐를 새로 구입하여 시운전 겸 고속도로에서 150Km 이상으로 신나게 질주하고 있었는데 갑자기 왼쪽으로 닭 한마리가 더 빠른 속도로 자기를 추월하여 달려가고 있었다. 청년은 닭을 따라 잡으려고 액셀러레이터를 힘껏 밟았으나 도저히 따라 잡지 못하였다.

「감히 신형 최고급 스포츠카를 추월하다니」. 참을 수 없었던 청년은 사방으로 수소문하여 그 빠른 닭의 주인을 만났다.

청년 : "거 무지하게 빠른 닭이던데 저한테 파십시오. 백만원 드리지요."

주인 : "못 팝니다."

청년 : "그럼 천만원 드리지요."

주인 : "그래도 못 팝니다."

화가 난 청년, 거래 조건을 파격적으로 제시

청년 : "그럼 이천만원에 저의 스포츠카를 얹어 드릴테니 파시지요."

주인 : "아무리 그러셔도 전 팔 수가 없습니다."

잔뜩 열 받은 청년

"그까짓 닭 한마리가 뭐 대단하다고 그렇게 좋은 조건에도 못 팔겠다는 겁니까? 사람 화나게 해두 유분수지, 너무 하는거 아닙니까?"

그랬더니 닭주인은 참으로 답답하다는 듯이

"참 환장하겠네요. 아 글쎄 그놈의 닭을 내가 먼저 잡아야 당신한테 팔 거 아니요. 나도 미치겠소."

멘트 : 주인도 닭이 너무 빨라 잡을 수 없었음.

울지 않는 장닭

취미겸 부업으로 닭을 기르는 사람이 장닭이 늙어 죽자 새로 듬직한 장닭 한 마리를 사왔다. 그후 열흘이 지나도록 새벽녘이 되어도 장닭이 전혀 울지를 않자 닭장사에게 도로 가져가서 물러 달라고 하였다.

닭장사 : "댁에 닭장이 따로 있습니까?"
주　인 : "네 물론이죠. 닭장이 널찍하여 아주 좋지요."
닭장사 : "암탉은 있습니까?"
주　인 : "물론, 그것도 잘생긴 놈이 10여 마리나 되는데요."
닭장사 : "모이는 잘 주셨나요?"
주　인 : "그럼요. 암탉이 여러 마리라 맛있게 먹고 알 잘 낳으라고 매일 영양가 있는 사료를 듬뿍듬뿍 줬지요."
닭장사 : "그러니 장닭이 울지 않지요. 잘 생각해보세요. 세상에 집 있고 마누라 있고 먹을 것 넉넉한데 또 뭐가 부족해서 울어대겠습니까?"

대구의 "김꼬마"

별명이 "김꼬마"인 대구 사나이가 처음으로 미국 여행을 갔다. 여기저기 미국 구경을 대강하고 귀로에 라스베가스의 카지노에 들렀다가 블랙잭 판에서 갖고 있던 돈을 몽땅 날리는 바람에 귀국 할 노자가 막막하게 되었다.

무슨 수가 없을까 생각하며 라스베가스 시내를 어슬렁 돌아다니는데 널따란 운동장 같은데 사람들이 많이 모여 있길래 기웃거려보니 미국인 사내가 운동장 복판에서 코끼리 한 마리를 데리고 관중들과 내기를 하고 있었다.

내기인 즉슨 코끼리는 보통 앞의 다리만 드는데 코끼리의 네 다리를 동시에 들게 하는 사람한테 500달러를 준다는 거였다.

여러 사람의 시도가 다 실패한 뒤에 드디어 대구의 "김꼬마"가 나섰다.

「저 꼬마가 어떻게 하려나.」하고 관중들이 주시하고 있는데 "김꼬마"는 벽돌 두 장을 양손에 하나씩 쥐고 코끼리 밑에 가서 코끼리와 반대방향으로 누웠다. (소위 식스티나인 - 6·9- 자세로)

김꼬마가 눈을 들어보니 바로 코앞에 축구공만한 코끼리 불알이 있었다. 김꼬마는 심호흡을 한 다음 두 팔을 잔뜩 양옆으로 벌렸다가 일순간에 잡고 있던 벽돌 두 장으로 코끼리의 불알을 쳤다.

코끼리가 얼마나 놀라고 아팠을까. 순간 코끼리는 그 육중한 몸을 들어 펄쩍 뛰면서 네다리를 동시에 들었다.

관중들의 탄성 속에 "김꼬마"는 500달러를 챙겼다.

코끼리 주인은 처음으로 그것도 자그마한 친구한테 내기에 지다보니 자존심이 상했으나 관중들의 흥미를 더욱 고조시키기 위하여 다음 내기를 했다.

「코끼리가 머리를 좌우로 흔들게 하면 1,000달러를 준다.」는 거였다. 코끼리는 통상 머리를 아래 위로만 흔든다는 것을 알고 있었으니까.

그러나 "김꼬마"는 자신 있게 다시 나갔다. 이번에는 벽돌도 없이 빈손으로 코끼리한테 다가갔다. 그러더니 코끼리 귀에 대고 "니, 내가 누군지 아나? 내, 대구에서 온 김꼬마 아이가?" 코끼리는 조금 전에 큰일을 당한지라 「물론 누구인지 안다고」 머리를 상하로 끄덕거렸다. 이어서 "김꼬마"는 코끼리 귀에다 대고 한마디 더했더니 코끼리가 금새 머리를 좌우로 강하게 흔들었다.

김꼬마가 두 번째 한말은

"내가 아까 했던 것 한번 더할까?" 였다.

멘트 : 이 이야기를 다른 사람한테 전달할 때는 팔을 벌렸다가 벽돌로 치는 순간과 귀에 대고 이야기하는 순간 그리고 코끼리가 좌우로 머리를 흔드는 순간에는 적절한 제스처를 다소 과장되게 곁들여야 한다.

닭대가리

소·돼지·닭이 생을 마치고 저승에 갔다.

염라대왕이「이승에서 행한 착한 일 세 가지를 말해보라.」고 하면서「없으면 뜨거운 가마솥에 넣고 삶아 버리겠다.」고 했다. 먼저 소에게 물었다.

"너는 무슨 착한 일을 했느냐?"

소는 생각이 금방 떠오르지 않자 머리를 벽에 쾅쾅쾅 세 번 박더니 생각이 난 듯 말했다.

"저는 이승에서 인간들에게 고기도 되어주고 밭일, 논일도 열심히 해주었습니다."

염라대왕은 착한 일 많이 했다며 칭찬해 주었다. 그 다음은 돼지한테 물었는데 돼지 역시 얼른 생각이 떠오르지 않자 소처럼 머리를 벽에 쿵쿵 100번이나 박고 나서 말했다.

"저는 이승에서 인간들의 먹이도 되었고 음식 찌꺼기를 먹음으로써 환경보존에도 이바지 했으며, 퇴비를 만들어 농사일도 도왔습니다."

돼지도 염라대왕에게 칭찬을 들었다. 마지막으로 닭의 차례가 되었는데 이 닭대가리가 생각이 날 리가 없었다. 그러나 돼지도 100번 박고 생각이 났으니 자기는 대략 200번 정도 박으면 생각이 날 것 같아 벽에다 대고 정신없이 머리를 박았다.

얼마가 지났을까… 닭은 해롱해롱 제정신이 아니었는데 그래도 아무 생각이 나질 않았다.

이윽고 닭은 염라대왕에게 체념한 듯 한마디를 내뱉었다.

"에잇! C~팔! 얼른 물 끓여!"

사자 이야기

어느 친구가 아프리카 사파리 여행 중 한 무리의 사자새끼들이 너무 귀여워 차에서 내려 다가갔다. 당연히 어미사자가 달려왔고 놀란 이 친구는 냅다 도망치면서 급한 김에 마음속으로 기도를 했다.

"하느님 아버지, 부디 저 사자가 신자가 되게 하여 주시옵소서."

잠시 후 뒤가 조용한 것 같아 돌아보니 쫓아오던 사자가 멈춰서서 엄숙히(?) 기도를 하고 있었다.

이 친구 너무 기쁜 나머지 또다시 기도를 드렸다.

"하느님 아버지 저의 기도를 들어주셔서 정말 정말 감사하옵나이다."

그 때 기도를 끝낸 사자가 맹렬히 달려오고 있었다.

사자는 다음과 같이 기도를 했던 것이다.

"하늘에 계신 아버지, 오늘도 일용할 양식을 주신 것을 감사드리옵나이다. 아멘"

※ 영어로 옮겨져 있음. ■☞ 16장 영어유머편(11)

곰 사냥

어느 여자가 사냥을 하고 있던 중 갑자기 커다란 곰이 나타났다. 총을 겨누어 곰을 향해 쐈으나 빗나가고 곰은 달려와 여자를 꽉 안았다.

"너 죽을래 아니면 나한테 한번 당할래?"

여자는 젊은 나이에 죽기는 너무 억울해서 할 수 없이 곰에게….

복수에 불탔던 여자는 몇 달 후 기관총을 들고 길목에서 곰을 기다렸다. 드디어 곰이 나타나자 갈고 닦았던 솜씨로 기관총을 쏘았으나 또 빗나갔다. 곰이 여자를 꽉 안더니

"너 사냥하러 온 거 아니지?"

다시 몇 달 후. 혼자 힘으로 곰을 감당할 수 없었던 여자가 칠복이를 데리고 왔다. 그러나 칠복이 역시 실패하여 곰에게 잡혔다. 곰이 이르기를

"너 내 소문 듣고 왔지?"

11장

가까이 하기엔 너무 어려운 영어

영어가 우리에겐 외국어이니 쉽게 익혀지지가 않는다. 특히 중고등 대학을 합쳐 10년씩 영어 공부를 해도 문법 위주의 교육을 받다보니 문장은 잘 이해하면서도 막상 말하는네는 어려움을 겪는 경우가 많다. 물론 최근의 조기교육 열풍으로 앞으로 달라지긴 하겠지만.

여기에 소개되는 소재들은 미국 가서 친지들을 만나는 자리 또는 미국에 사는 친지들이 나와서 만났을 때 활용하면 더 실감을 느끼게 될 것이다.

G의 발음
WHO ARE YOU?
Who래유?
콩글리쉬(Konglish)
인민군대 영어
So Long, So Deep!
시민권 시험
사오정 영어

G의 발음

외국어에 늘 그런 문제가 있는 것이지만 영어에서 "G"가 때에 따라 우리말로 "ㄱ"도 되었다가 "ㅈ"도 되었다가 해서 혼란스럽다.

어느 날 고위인사가 일선 군부대를 시찰했는데 지뢰가 묻혀있는 지역에 설치해 놓은 위험 DANGER 표지판을 보면서 점잖게 "댕거"라고 읽었다. 돌아오는 차 안에서 보좌관이 "각하, 아까 DANGER는 "ㅈ"으로 즉 「댄저」라고 읽으셨어야 맞는 것입니다." 고 설명했다.

한참 달리던 중 약간 시장기가 돌든 차에 McDonald Hamburger 간판을 보고는 "어이, 우리 저기 들러서 "햄버저" 하나 먹고 가지"

보좌관이 다시 교정 설명했다. 그때는 "ㅈ"이 아니라 "ㄱ"으로 즉 「햄버거」로 읽으셔야 된다고.

얼마 후 미국을 방문하여 연회장에서 연설할 일이 있었는데 점잖게 "레이디스 앤드 젠틀맨(Ladies and Gentleman)"

연설이 끝난 후 보좌관이 다시 그때는 "ㅈ"으로 발음해야 한다고 교정했다. 고위인사는 점점 더 혼란스럽게 느껴졌다.

이어서 술 한잔 들고 연회장을 돌고 있는데 숙녀 한사람이 술잔을 들고 다가오다가 넘어졌다. 이를 본 고위인사의 감탄사

"오 마이 좃(Oh. My God!)"

멘트 : 「Golf 칠 때 Bogey 발음에 유의하셔야 합니다. 특히 Double Bogey나 Triple Bogey 했을 때 더욱 그러하죠.」를 덧붙입니다.

WHO ARE YOU?

고위인사가 중요한 회담차 미국을 가게 되었다. 출국 전 간단한 영어인사말을 두 마디만 익혀갔다. 「How are you?」와 상대편이 안부를 물으면 대답으로 「Me too.」였다.

그런데 막상 미국 고위인사를 만났을 때 튀어나온 말은 「How are you.」가 아니라 「Who are you?」였다. 상대는 순간 당황했지만, 짐짓 농담으로 치부하고 태연하게 대답했다.

"I am the husband of Judy." 그리고 나서 물었다. "…And you?" 그랬더니 "Me too."라는 대답이 돌아왔다.

미국 고위인사는 어처구니가 없었지만 직설적인 반격의 말은 안한 대신 조용히 중얼거렸다.

"Son of a bitch."

그말을 들은 고위 인사가 보좌관에게 이야기 했다.

"저눔아가 내가 갯가에서 태어난 것을 우찌아노?"

Son of a bitch를 Son of beach로 알아들은 것이었다.

다음날 다시 만났을 때 또 인사를 하게 되었는데 이번에도 툭 튀어나온 말이 「Who are you?」였다.

상대는 화를 낼 수도 없어 간접적으로 대답했다. "We met yesterday, don't you remember me?" (우리 어제도 만났는데 나를 몰라보느냐)

그러자 고위 인사가 보좌관에게 물었다.

"어이… 리멤버가 몇월이고?"

(September. November 등을 연상)

보좌관이 난처해서 머뭇거리고 있는데 그 모습을 본 상대가 「무언가 의사소통이 잘 안 되는구나.」라고 생각하고 끼어들었다.

"May I help you?" 그랬더니 고위 인사가 보좌관한테

"됐다. 내년 5월에 도와준다카네…."

Who 래유?

자식들 따라 미국에 이민 가서 이웃에 살게 된 두 노인네가 있었다.

한 분은 고향이 충청도이고 한 분은 전라도인데 영어가 잘 안 되니 허구헌 날 두 사람이 만나서 놀 수 밖에.

전라도 출신 할아버지가 충청도 출신 노인 집으로 놀러갈 때마다 현관에서 주고 받는 대화는 이랬다.

초인종을 누르면 안에서

"Who 래유?" 하고, 밖에선

"Me 랑께." (나랑께)

콩글리쉬(Konglish)

　미국여행을 처음 하는 친구가 LA에 들렀을 때 몇 년 전에 이민 가서 살고 있는 학교동창을 만나 하루를 보내게 되었다. 교포 친구가 캐딜락을 몰고 와 태우고 이곳저곳 다니면서 미국에서의 성공담을 자랑스럽게 이야기 하던 중 교통법규 위반으로 경찰에게 걸렸다. 경찰이 법규위반을 설명하고 티켓을 끊으려하자 교포 친구가 말했다.

　"Look at me once!" (한번 봐 달라.)
　교포가 많이 사는 LA의 경찰이라 이 정도 Konglish는 쉽게 알아듣고 역시 Konglish로 대답했다.

　"No soup" (국물도 없어.)
　그러자 교포친구는

　"Today sorry, tomorrow no sorry O.K?" 했더니 LA경찰은 고개를 끄덕거리고 면허증을 돌려주면서 한마디 했다.

　"Okay, Long time no sorry!"
　한국에서 간 친구가 「이 친구 미국 이민 오더니 역시 영어를 잘하는구나.」 생각하면서 「마지막에 경찰과 주고받은 이야기가 무슨 뜻이었냐.」고 물었다. 그러자 교포친구가 자랑스럽게 설명하는 것이었다.

　"응, 내가 경찰한테 「오늘은 친구와 오랜만에 얘기에 열중하다 법규위반을 해서 잘못했는데 내일부터는 그런 일 없을 것이니 선처 바란다.」고 했더니(Today sorry, tomorrow no sorry.)

　경찰이 「귀하가 잘못을 인정하고 반성하니 오늘은 특별히 용

서해 주겠는데 차후로는 절대로 위반하는 일이 없도록 하시오.」라고 이야기 했다". (Long time no sorry.)

멘트 : 영어는 말하는 것도 중요하지만 번역이 훨씬 더 중요하다는 것을 부연해줌.
유의 : "No SOUP"의 발음은 숲이 아니라 한국식 영어 발음으로 딱딱하게 "노 수푸"라고 발음해야 효과적임.

※ 영어로 옮겨져 있음 ■☞ 16장 영어유머편(12)

인민군대 영어

북한 인민군대의 기초 영어 교육시간.
교관이 칠판에 'You are a boy'를 써 놓고 아는 사람 번역해 보라고 했더니 한 친구가 손을 들고
"당신은 소년입니다."라고 했다.
교관은 틀렸다고 하면서 답을 고쳐 주었다.
"너는 간나새끼다."

멘트 : You are a father는 '당신은 아바이동무야요'로 번역한다는 것을 추가로 언급해 준다. 이북 사투리를 감정과 억양을 담아 다소 과장되게 이야기 한다.

So Long, So Deep!

어느 친구가 처음으로 미국 여행을 하게 되었다. 여러 가지 기대가 있었지만 특히 미국여자와 한번 사랑을 해보는 기회를 갖겠다는 절실한 희망을 가졌다.

드디어 뉴욕에서 어렵사리 물어물어 콜걸과 일을 잘 끝내고 200달러를 주면서 나오는데 콜걸이 인사를 했다.

"So Long."

헌데 이 친구 작별인사말을 잘못 알아들었다. 자기 물건이 크다는 것으로 이해하고는 기껏 한마디 한다는 소리가 "So Deep!" 였다나.

멘트 :「처음 겪어보니 서양여자의 거시기가 체격만큼이나 크고 깊게 느껴졌던 모양입니다.」

시민권 시험

아들을 따라 미국에 이민 간 70대 할머니가 몇 년 후 미국 시민권을 받기 위한 시험을 치르게 되었다. 지금은 우리말로도 시험을 치룰 수 있지만 당시만 해도 영어로 할 수 밖에 없었는데 시험을 앞두고 아들이 기본적이고도 중요한 면접 요령을 요점만 간단히 알려주었다.

"시험관이 '프레지던트(대통령)' 라는 말을 하는 것 같으면 무조건「조오지 워싱턴」이나「아브라함 링컨」둘 중 하나를 대답하세요."

영어는 어차피 안 되는 것을 아는 아들은 시민권 시험에 항상 나오는 미국의 초대 대통령이나 노예를 해방시킨 대통령이 누구냐는 문제에 대한 답만을 일러준 것이었다. 시험 당일 어머님을 모시고 갔던 아들은 불과 1~2분 만에 시험관이 어머님을 모시고 나와서「이 할머님은 1년 후 한국말로 시험을 볼 때 다시 오도록 하세요.」라고 하는 말에 영문을 몰라 그 이유를 물었다. 시험관의 설명은 아래와 같았다.

"할머니가 들어 오시길래「플리즈 싯다운」했더니 할머니가「아브라함 링컨」하시지 않겠어요? 그래서 잘못 알아들으신 줄 생각하고 다시 한번「플리즈 싯다운」하니까「조오지 워싱턴」하고 대답하시는 거예요."

사오정 영어

80년대 유행하던 사오정 영어 몇 개를 소개하면 다음과 같다.

Please sit down : 플리즈야 앉아라.

See you again : 너 두고 봐.

Do you understand? : 너 물구나무서기 할 줄 아냐?

Nice to meet you : 너 잘 만났다.

I am fine and you? : 나는 파인주스, 너는 뭐 마실래?

May I help you? : 5월에 널 도와줄까?

I like Hong Kong : 나는 붉은 콩을 좋아한다.

I live long long, star crazy man see : 오래살다 보니 별 미친 놈 다 보겠네.

Am I horse? Yes, you are horse : 나 말입니까? 그래 너 말이야.

I can see it : 나는 그것을 할 수 있다고 본다.

Became this man : 됐네, 이사람아.

12장

봉이 김선달
— 술자리에서나 할 이야기

    구성에 따라 다소 차이는 있겠으나 일반적으로 술자리에서는 진한 이야기들이 많이 오가고 또 그런 이야기가 더 빛을 발한다고 볼 수 있다. 술자리에서의 실수는 「술김에」라는 말로 너그럽게 이해하고 받아들이는게 우리네 풍습이기 때문이기도 한 것이다.

    여기에 소개되는 소재들은 활자화 하는데 따르는 제약 때문에 X, XX 등으로 표현했으나 술자리에서 말로 할 때는 육두문자를 직설적으로 그것도 억양과 감정을 보태서 해줘야 훨씬 실감이 난다.

    사업상 섭외 자리의 경우 첫 번째 만남 보다는 몇 차례 만나서 어느 정도 관계가 편안해진 후 또한 상대방의 반응을 감안하면서 이야기 하는 것이 좋을 듯 하다. 아무리 술자리라고 하더라도 진한 이야기로만 일관할 것이 아니라 품격있는 소재도 몇 개쯤 섞음으로써 말하는 사람의 이미지를 관리하도록 한다. 말하자면 「음담패설만 하는 사람」이라는 인상을 갖지 않도록 하라는 뜻이다.

상배(喪配) 했을 때
술酒字 이야기
잠옷
자출보대
젊은이 복받을겨
여삼보사
고추이야기
강간범
워낙 오래되어서
야, 주인 ㅆ 하냐?
착유기
할겨?
칠피(漆皮)구두
십이지장에 문제가...
섹스에 대한 남자의 세대별 반응
섹스에 대한 기분
쎅시녀와 운동선수
봉이 김선달 이야기
와, 내가 좋아하는 뷔페
비아그라 효도
비아그라의 효능
비아그라 용도
가정부의 폭로
유효기일
뼈 있는 말 몇 마디

상배(喪配) 했을 때

남자든 여자든 배우자를 잃고 나면 남들 앞에서 굉장히 서러워하는 것 같지만 속마음은 기뻐(?)한다고들 한다.

어느 남자가 먼저 세상을 떠난 아내의 장례식을 다 끝내고 집에 돌아와 샤워를 하면서 지껄이는 말.

(자기 아랫도리를 손바닥으로 툭툭 치면서)

"야, 이제부터 너 좀 바빠지겠다…."

반대로 남편을 먼저 떠나보낸 아내가 역시 장례식을 끝내고 귀가하여 샤워를 한 다음 화장을 하면서 뇌까리는 말.

(자기 아랫도리를 내려다 보며)

"이놈을 전세를 줄까, 월세를 놓을까 아니면 일수를 찍을까…."

멘트 : 일수는 "찍는다"로 표현해야 더 맛이 남.

술酒字 이야기

중학교 2학년인 철수가 일요일 아침 신문을 보니 어느 술 회사에서 전면광고를 냈는데 광고면 한가운데 한자로 酒字가 크게 들어 있었다. 무슨 글자인지 읽을 수가 없어 아빠한테 신문을 들고 가「이게 무슨 글자인지」물었다.

헌데 아빠라는 사람이 한문에 관한한 일자무식에 맨날 술이나 마시며 지내는 사람이라 대답을 할 수가 없었다. 그렇다고 자식놈한테 모른다고 할 수도 없어

"야, 이 녀석아, 그런건 네 엄마한테 가서 물어봐."

할 수 없이 철수는 엄마한테 가서 무슨 글자냐고 물었다. 그러자 엄마는 늘 술에 빠져 있는 남편이 밉기도 해서

"응, 그거 너희 아빠가 제일 좋아하는 거란다."

철수는 다시 아빠한테 갔다.

"엄마 말이 아빠가 제일 좋아하는 거라는데요."

그러자 아빠가 다소 자신 없다는 듯이

"그래? 그럼 보ㅈㄴ가?"했다.

그랬더니 아들이 따지듯 말했다.

"글자는 한 개인데 어째서 음이 두개냐?"고 했다.

아빠가 정정했다.

"그럼 ㅆㅂ 이겠구먼."

철수는 그렇게 酒字의 해답을 얻었다.

이튿날 학교에 가서 한문시간이 되었는데 한문선생님이 공교

롭게 칠판에 酒子를 크게 써놓고 「이 글자 아는 사람 있냐?」고 질문했다.
 철수가 호기 있게 손을 번쩍 들고 큰소리로 대답했다.
 "ㅆㅂ 이요"

잠옷

50대 후반으로 접어들면서 「잠자리」를 멀리하는 남편을 참다 못한 아내가 계모임에서 들은 이야기대로 마음먹고 한번 꼬셔보기로 했다. 어느 날 저녁 아내는 정성스레 목욕을 하고 알몸에 속이 다 보이는 빨간색 잠옷을 입고 자리에 들었다. 그러나 남편은 전혀 무관심. 다소 실망스러웠으나 혹 색깔 선택이 잘못되었나 싶어 다음날은 파란색 잠옷을 입고 관심을 끌려했으나 남편은 여전히 무덤덤. 사흘째 되던 날은 아예 알몸으로 자리에 들었으나 밤새도록 아무 일도 없었다. 열 받은 아내가 이튿날 아침 식탁에서 따지기 시작했다.

"아무리 나이가 들어가기로서니, 당신 요즘 나한테 너무 무관심한거 아녜요?"

"관심이 없다니? 그 무슨 당치 않은 소리요. 난 당신과 결혼 후 지금까지 당신에게 늘 깊은 관심을 갖고 있는데…."

"그래요? 그러면 어디 물어 봅시다. 그그저께 저녁에 내가 무슨 색깔의 잠옷을 입었는지 기억해요?"

"물론, 빨간색이었지."

"그럼 그저께는요"

"파란색"

"맞기는 하네요. 좋아요. 그럼 어제 저녁은?"

"글쎄…. 색깔은 잘 모르겠는데 우글쭈글한 게 좀 다려 입어야 겠습디다."

아내는 어처구니가 없었지만 한번만 더 시도해 보기로 하고 그날 저녁은 목욕 후 알몸에 향수를 뿌린 다음 자리에 들었다. 30여분을 뒤척여도 남편이 반응이 없자 아내가 코맹맹이 소리로 나직이 말했다.
"여보, 나한테서 좋은 냄새 안나요?"
그러자 남편이 벌떡 일어나면서
"왜? 당신 방귀 뀌었소?"

자출보대

원양어선 한 척이 출어 3개월 만에 드디어 만선을 해서 귀항하게 되었다. 선장이 모든 선원에게 각자 집으로 전보를 쳐 줄테니 전보 문안을 만들어 가져오라고 일렀다. 다 알만한 내용들이었는데 이해가 안 되는 전문이 하나 있었다. 「자출보대! 김만복」
선장은 김만복을 불러 무슨 뜻이냐고 물었다. 김만복의 대답은
"아! 그거요. 「자X는 출발하니 보X는 대기하시오.」입니다."

젊은이 복받을껴

　여자만 3대가 사는 집에 젊은 강도가 들었다.
　현금, 귀금속을 챙겨들고 나오다가 젊은 여자들을 보니 생각이 달라져 딸아이, 엄마의 순서로 일을 끝냈다. 돈에 재미에 크게 만족하여 나오려는데 꼼짝 못하고 구석에 앉아있던 할머니가
　"이봐, 젊은이, 그냥 가면 어떻게 해."하면서 사정 하는게 아닌가.
　할 수 없이 할머니의 희망을 들어주기로 하였으나 아무리 젊다 해도 세 번 연속은 무리인데다가 빨리 도망도 해야겠고 또, 상대가 할머니인지라 더더욱 힘들 것 같아 조건을 내걸었다.
　"할머님, 뜻을 받겠습니다만,「하나, 둘, 셋, 넷, 다섯」셀 때까지 만으로 끝내겠습니다."
　할머니가 그러자고 하면서「대신 셈은 내가 하겠다.」고 하였다. 그리하여 마지못해 일을 시작했는데, 할머니는
　"하나, 둘, 셋, 넷. 둘둘셋넷. 넷셋, 둘하나. 넷둘셋넷. 하나둘셋넷…."
　도무지 "다섯" 까지 안가는 거였다.
　한참 만에 겨우 일을 끝내고 도망치듯 나오는 도둑에게 할머니가 한마디 더했다.
　"젊은이, 복 받을껴."

여삼보사

어느 순진한(?) 처녀가 군에 입대한 애인을 면회하러 갔다. 위병소에서 주는 면회 신청서를 작성하다보니 「관계」란이 나오길래 「만난지 일주일째 되는 날」이라고 적어냈다.
면회 신청서를 읽어보던 병사가 화를 내며 신청서를 돌려주었다.
"아가씨, 지금 누굴 놀리는 겁니까? 「관계」란 좀 똑똑히 쓰세요!"
당황한 아가씨가 「관계」란에 「여삼보사」라고 고쳐 써냈다.
병사가 읽어보더니
"아니, 아실만한 분이 왜 자꾸 이러세요. 정말 끝까지 장난치실 겁니까?"
신청서를 다시 받아든 아가씨가 할 수 없다는 듯이 자세히 고쳐 썼다.
「여관에서 세 번, 보리밭에서 네 번」

고추이야기

우리 옛 선조들은 겨우내 고의춤에 갇혀(?) 바깥구경을 못한 거시기를 해동이 되어 날이 따스해지면 산마루에 올라 아랫도리를 내놓고 바람을 쐬어 습을 없애고 자연의 정기를 받아 양기를 강하게 하는데 이름하여 이를 「거풍(擧風)」이라 하였다.

삼돌이가 어느 봄날 무료하여 돗자리를 들고 아파트 옥상으로 책을 보러갔는데… 봄볕이 너무 좋아 문득 선조들의 「거풍」 의식이 떠오르자 아랫도리를 내놓고 봄바람을 쐬면서 책을 읽다가 춘곤을 못 이기고 잠이 들어버렸다.

그 때 아래층에 사는 삼월이가 이불을 널려고 올라왔다가 그 광경을 보고 깜짝 놀라며 비명을 질렀다.

"아니, 지금 뭐하는 거예요? 삼돌씨!"

화들짝 놀란 삼돌이가 벌떡 일어나더니 당황과 민망스러움에 겨우 한다는 소리가…

"시방 꼬추 말리는 중인디유…."

그 말을 들은 삼월이가 어이없다는 듯이 피식 웃더니 치마를 걷어 올리고 속곳을 내리고는 삼돌이 옆에 와서 살포시 눕는 게 아닌가.

"아니~ 남녀가 유별한데 청천대낮에 뭐하는 짓이래유? 시바앙~."

"떡 본김에 제사 지낸다구 나두 꼬추 푸대 좀 말릴라구유…."

그 날 오후 공교롭게도 둘은 엘리베이터 안에서 만났다. 삼돌이가 오전 일이 민망하여 고개를 떨구고 있는데 삼월이가 옆구리를 쿡 찌르며 하는말.

"꼬추 다 말렸으면 인자 푸대에 담지유…."

강간범

60대 후반의 할머니 한분이 경찰서에 찾아와 강간범을 잡아달라고 했다.

경 찰 : "할머니, 범인이 어찌 생겼던가요. 인상착의를 말씀해 주세요."

할머니 : "얼굴을 못 봐서 말을 할 수가 없는데."

경 찰 : "강간당하셨다면서요?"

할머니 : "글씨, 이놈아가 뒤에서 덤벼든 바람에 얼굴을 볼 쑤 없었는기라…."

경 찰 : "할머니, 그럼 고개라도 돌렸으면 볼 수 있었을텐데요."

할머니 : "뒤로 돌리면 그기(그게) 빠질까봐 못 돌렸다아이요."

경 찰 : "그럼 강간은 아니네요."

할머니 : "우찌 됐든 그 놈아 좀 찾아주소."

워낙 오래되어서

　강도가 어느 집에 들어갔더니 들고 나올 물건은 전혀 없고 할머니 혼자 자다 깨서 앉아있으니 완전히 허탕친 셈이 되었다.
　오늘은 공쳤다 생각하고 그냥 나오려다 보니 할머니 손가락에 금반지가 있는 게 아닌가. 하다못해 금반지 하나라도 뺏어서 차비라도 해야 할 것 같아 「할머니, 이리 좀 와 보세요.」하고 불렀다. 그랬더니 이 할머니 슬며시 다가오면서 혼자 지레 짐작을 하고 중얼거렸다.
　「글쎄… 잘 될라는가? 워낙 해본지가 오래되어서….」

야, 주인 ㅆ 하냐?

대학생 둘이 학교 근처에서 같은 방에 하숙을 하고 있었다. 그런데 하숙집 젊은 내외가 시도 때도 없이 그 짓을 하는 바람에 이를 구경하느라고 공부는 고사하고 거의 매일 잠도 제대로 잘 수가 없었다. 하는 수 없이 둘이 의논하여 앞으로는 한 사람이 망을 보고 나머지 한 사람은 잠을 자되 주인 내외가 일을 시작하면 깨워서 같이 감상(?)하기로 했다. 어느 토요일 오후 한 친구가 늘어지게 자고 있었다. 물론 다른 친구가 지켜보고 때가 되면 깨워주게 되어 있으니 안심하고.

그런데 그 날따라 당번(?)인 친구가 갑자기 「소개팅」이 생겨 외출해 버렸다. 그걸 모르는 친구가 신나게 잠을 잘 수밖에.

저녁때가 되어 주인 아주머니가 밥상을 들고 들어와 보니 학생이 혼자 자고 있는 게 아닌가. 조용히 밥상을 내려놓고 잠자고 있는 친구를 흔들어 깨웠다.

"학생, 학생 밥 먹어요."

그러자 잠자던 친구가 벌떡 일어나면서 한다는 소리가

"야, 주인 ㅆㅂ 하냐?"

멘트 : 얼른 구경하겠다는 거죠.

착유기

목장에서 젖 짜는 일을 하고 있는 청년이 있었다. 매일같이 젖만 짜면서 단조로운 생활을 하는 가운데에서 유일한 "낙"이 자위행위였다.

그런데 그것도 오랫동안 반복되다 보니 너무 단조롭게 느껴져「뭐 좀 새로운 방법이 없을까.」하고 궁리 끝에 어느 날은 문득 소젖 짜는 데 쓰는「착유기」를 사용해 보기로 했다.

「착유기」를 갖다대고 스위치를 누르니 꿀렁꿀렁하면서 희한한 기분으로 한 라운드가 끝났다. 한숨 돌리려고 담배 한 대 물었는데 이놈의「착유기」가 다시 작동하기 시작하는 게 아닌가.

아무리 젊은 청년이지만 연속 3라운드가 끝나니「이제 그만했으면」하는 기분이었는데 또 작동을 시작했다. 아득한 기분에「착유기」를 억지로라도 정지시키려고 붙잡고 보니 그 밑에 다음과 같은 안내 팻말이 달려 있었다.

「2,000cc가 되면 자동으로 멈춤」

이 팻말을 본 순간 청년은 기절하고 말았다.

멘트 :「이 이야기를 들으면서 2000cc면 몇 번쯤 해당될까를 계산해 보는 사람도 있지요.」를 덧붙입니다.

할껴?

일반적으로 남자들의 경우 60대 문턱에 들어서면 섹스에 대한 욕구가 급격(?)히 감퇴하는 경향이 있다고 한다.
충청도에서 있었던 일. 50대 부인과 사는 60대 남편이 어느날 자다가 뒤척거리는 바람에 아내를 건드렸다.
아내 : "할껴?"
남편이 놀래(?)서 돌아누웠더니
아내 : "뒤에서 할껴?"
남편이 안 되겠다 싶어 일어났더니
아내 : "서서 할껴?"
일어난 김에 소변이나 보려고 화장실로 가는데
아내 : "오줌 누고 할꺼?"
남편이 도저히 못 말리겠다 싶어 담배 한 대 펴 물고 집 밖으로 나가는데
아내 : "내일 할껴?"
남편은 기절 일보 직전일 수밖에.

칠피(漆皮) 구두

제비족이 갖추어야 할 기본 요건은 매끄러운 외모, 빼어난 춤솜씨, 그리고 비치는 얼굴을 들여다 볼 수 있는 정도의 반질반질한 칠피구두, 이 세 가지라고 한다. 어느 날 춤바람이 난 중년 부인이 아주 멋진 제비족과 춤을 추게 되었다. 제비족은 끝 무렵에 늘 하던 대로 이 여인을 꼭 껴안고 귀에다 속삭였다.

"싸모님, 오늘 빨간 팬티를 입으셨군요."

다소 놀란 부인은 다음날 파란 팬티를 입고 가서 다시 그 제비족과 춤을 추었다.

"싸모님, 오늘은 파란색 팬티로 바꿔 입으셨네요."

사실 제비족은 이 정도는 일도 아니었다. 반질반질한 구두에 팬티가 다 비춰 보일 정도였으니까. 아무튼 부인은 이 「괜찮은 친구」를 꼬셔 보겠다고 작심하고 다음날은 노팬티로 가서 다시 춤을 추었다. 한참 무드가 잘 익어 가는가 싶었는데 느닷없이 제비족이 놀란 듯이 한마디 하면서 쏜살같이 자리를 피했다.

"어라? 내 구두 찢어졌네."

십이지장에 문제가…

금슬좋게 지내는 70대 부부가 있었다.

어느때인가 할머니가 며칠째 아랫배가 아프다고 해서 할아버지가 병원에 가보라고 했다. 병원에서는 '십이지장'에 문제가 있는 것 같다는 진단이었다.

병원에 다녀온 할머니한테 할아버지가 물었다.

"그래, 의사가 뭐라 카드노?"

"잘 모르겠는데, ㅆㅂ에 좀 지장이 있는 것 같다고 합디더."

늘 건강해서 병원에 별로 다녀보지 않은 할머니가 '십이지장' 운운을 이해하지 못해서 나온 대답이었다. 그런데 이 사정을 알 턱 없는 할아버지는 뭔가 큰 의문이 풀렸다는 듯 밝은 표정으로 말씀하시는 거였다.

"그케, 내 그란 줄 알았데이. 몇 달전부터 당신 때문에 밤 일이 제대로 안되드라꼬."

섹스에 대한 남자의 세대별 반응

(섹스전)
20대 : 자기가 제일 큰척한다.
30대 : 자기가 가장 센척한다.
40대 : 자기가 테크닉이 가장 좋은척한다.
50대 : 아픈척한다.
60대 : 자는척한다.
70대 : 죽은척한다.

(섹스후)
20대 : 포개져 잔다.
30대 : 마주보고 잔다.
40대 : 나란히 잔다.
50대 : 등 돌리고 잔다.
60대 : 딴 방가서 잔다.
70대 : 어디서 자는지도 모른다.

멘트 : 50대에 들어가면서 부터는 섹스가 겁이 나지요.

섹스에 대한 기분

중학교 생물시간. 질문시간이 되자 복태가 평소 궁금하던 사랑에 대하여 질문을 해댔다.

복　태 : 세임요(선생님요) 남자와 여자가 섹스를 하면 어느 쪽이 더 기분이 좋습니꺼?

선생님 : 그 문제에 대하여 내는 이래 생각한다. 우리가 손가락으로 콧구멍을 쑤시면 코가 시원하겠나, 손가락이 시원하겠나 생각해 보그라. 그 이치와 똑같다고 생각한다.

복　태 : 그라모(그러면) 콘돔을 사용하여 할때는 우예 됩니꺼?

선생님 : 마찬가지로 니가 장갑을 끼고 콧구멍을 쑤시봐라 기분이 어떤가, 그와 똑같은 이치라고 생각한다.

복　태 : 세임요, 보통 여자가 생리중일 때는 섹스를 안 한다카는데 와 그렇십니꺼?

선생님 : 니 코피 난 콧구멍 쑤시봤나? 바로 그 이치와 같다고 생각한다.

복　태 : 여자들이 강간 당할 때는 기분이 안 좋다카는데 와 그렇십니꺼?

선생님 : 그건 말이다. 복태 니가 길 걸어가는데 각중에(갑자기) 언놈이 달려들어 니 콧구멍을 쑤시면 니 기분이 어떻겠노? 내는 그 이치와 같다고 생각한다.

쎅씨녀와 운동선수

(싫어하는 운동 선수)
· 단거리(100미터)선수 : 10초도 안돼 끝난다. 허무하다.
· 축구선수 : 90분 동안 문전만 맴돌다 겨우 한두 번 들어온다. 좀 지루하다.
· 골프선수 : 겨우 18번 들어오면서 초보는 100번 넘게, 프로도 6~70번 가까이 허우적거리며 왔다갔다 한다. 감질 난다.
· 레스링(그레코로만형) : 상체만 더듬고 허리 아래는 신경도 안 쓴다. 나쁜넘!
· 야구선수 : 나무나 알루미늄 방망이를 사용한다. 비겁하다.
· 유도선수 : 보기만 하면 자빠뜨리고 누르기로 들어온다. 너무 피곤하다.

(좋아하는 운동 선수)
· 마라톤선수 : 한번 시작하면 2시간 이상은 보장한다. 가히 감동적이다.
· 당구선수 : 넣는 데는 귀신이다. 가히 놀랍다.
· 체조선수 : 허리가 유연하고 자세가 다양하다. 항상 새롭다.
· 농구선수 : 덩크 슛 할 때는 온몸이 떨린다. 그야말로 짜릿하다.
· 양궁, 사격선수 : 내가 원하는 곳을 정확히 맞춘다. 언제나 믿는다.
· 권투선수 : 길게 짧게, 위로, 아래로 결국은「다운」까지 시킨다.그야말로 무아지경이다.

봉이 김선달 이야기

남남북녀라, 북쪽에 굉장한 미인이 있는데 섹스도 아주 기막히게 한다는 소문이 났다. 이를 그냥 지나칠 김선달이 아니었다. 달려가서 만나자 마자 100만원을 주고 바로 계약이 이루어졌다. 그런데 여자가 조건을 하나 내 걸었다.

"지금까지 경험으로 보아 나와 관계를 한 남자는 일이 끝나자 마자 죽게 되는데 괜찮겠느냐?"

김선달이 대답했다.

"물론이요. 남자가 그거 하다가 죽는 것도 행복이랄 수 있는 것이니 너무 걱정 마시요. 다만, 나도 한 가지 조건을 달겠소."

"무엇인가요?"

"나는 한번 끝나면 담배한대 피우면서 5분간 쉬고 난 다음 다시 하는데 괜찮겠소?"

"물론이요." 여자가 자신있다는 듯이 대답했다. 그런데 막상 일을 시작하고 나니 김선달이 세 차례, 네 차례 죽기는커녕 조금도 지치지 않고 반복하는게 아닌가. 이상하게 생각한 여자가 다음 차례가 되었을 때 살짝 눈을 떠보니 위에 있는 사람이 김선달이 아니었다.

시중드는 계집아이를 불러 김선달이 어디 있느냐고 물었더니 "김선달은 밖에서 돈 받고 있는데요."라는 대답이었다.

멘트 : 김선달은 밖에 줄서 있는 남자들을 차례로 방으로 들여보내면서 돈을 받고 있었다. 과연 봉이 김선달답지 않은가.

와, 내가 좋아하는 뷔페

　뉴욕 시내 남자들만 모이는 어느 술집(Single Bar)에서 백인, 흑인, 동양인 세 사람이 술을 마시던 중 서로 자기가 잘났다고 논쟁이 붙었다. 도저히 말로는 결판이 안 나니까 백인 남자가 제의했다.
　"그러지 말고 우리 여기 테이블위에 각자의「물건」을 꺼내놓고 제일 멋지게 생긴 것의 임자가 가장 잘난 사람으로 결정하자."고 했다.
　모두들 동의하여 셋이 일어서서 바지를 벗은 다음 각자의 물건을 테이블 위에 꺼내 놓았다.
　그때「호모」한 사람이 술집에 들어와 카운터로 가면서 이 광경을 보더니 감탄의 한마디를 던졌다.
　"와, 이거, 내가 좋아하는 뷔페네!"(Oh, my favorite buffet!)

비아그라 효도

어느 날 아들 녀석이 효도한답시고 비아그라 한 알을 구해서 아버지에게 한번 써보시라고 드렸다. 아버지는 비아그라를 구해 온 아들이 기특해서 돈을 받으라고 했다. 아버지가 여러 차례 받으라고 하자 아들이 사양하는 뜻으로 한마디 했다.

"정 그러시면, 오늘 저녁 한번 써보시고 괜찮다 싶으면 내일 아침에 만원만 주세요."

이튿날 아침 아버지가 아들에게 봉투를 건넸다. 아들이 열어보니 10만원짜리 수표 한 장과 만원짜리 지폐 한 장, 도합 11만원 들어 있는게 아닌가. 민망한 아들이 말했다.

"아버지 만원이면 되는데 왜 이렇게 많이…."

그러자 아버지가 설명했다.

"응, 그거. 만원은 내가 주는거고 10만원짜리 수표는 엄마가 주더구나."

비아그라의 효능

비아그라가 처음 나왔을 때 그 효능과 관련하여 여러 가지 이야기가 유행했다.

- 수놈 참새에게 비아그라 한 알을 먹였더니 암놈 참새는 거들떠보지도 않고 헬리콥터만 쫓아 다녔다.
- 친구들과 회식하다가 눈에 안 띄게 비아그라를 먹으려고 마지막 식사 코스인 자장면에 비아그라 한 알을 슬쩍 넣은 다음 국수를 비볐더니 갑자기 국수발이 빳빳하게 일어섰다.
- 비싼 거 아껴 먹는다고 혀로 핥아먹었더니 혓바닥이 빳빳하게 굳었다.
- 라면 끓일 때 비아그라를 냄비에 떨어뜨렸더니 국수발이 빳빳하게 일어났는데 조개를 몇 개 넣으니까 곧 숨이 다 죽었다.
- 욕심을 내서 비아그라를 한꺼번에 두 알을 먹고 일을 치룬 것까지는 좋았는데 과해서 일 끝낸 직후 쇼크사.

  이어 장례를 치르게 되었는데 거시기가 꼿꼿한 채로 서있어 관 뚜껑이 안 닫겼다.

비아그라 용도

어느 친구가 귀한 비아그라를 몇 알 얻었다. 집에 가면서 「오늘 한 번 사용해봐야겠다.」고 작심하고 집에 도착하기 직전 한 알을 먹었다. 준비된 상태가 되어 집에 들어서자마자 아내를 불러 일을 시작하려 했는데 그날따라 아내는 「급히 친정에 가 봐야겠으니 정 안되겠으면 오늘은 밖에서 해결하라.」고 하지 않는가. 크게 실망한 이 친구 약도 오르는 김에 한마디 뱉었다.
"야! 밖에선 비아그라가 필요 없단 말이야. 당신하고나 써야지."

가정부의 폭로

부잣집의 젊고 아리따운 가정부가 어느 날 갑자기 해고 한다는 말을 듣자 화가 치민 나머지 주인 아줌마에게 고래고래 소리를 지르며 삿대질을 해댔다.

"홍, 내가 아줌마보다 요리 솜씨도 더 좋고 예쁘니까 샘나서 날 내쫓는 거지?"

아예 반말 지껄이를 해대는 가정부에게 잠시 할 말을 잃었던 주인 아줌마는 질세라 같이 삿대질을 해대기 시작했다.

"야, 누가 그런 소리를 해?"

"누구긴 누구야, 주인 아저씨지, 또 있어? 거기다 밤일은 나보다도 시원치 못하다며?"

이 말까지 들은 아줌마는 자존심이 팍팍 상하여 따지듯 물었다.

"뭐야? 주인 아저씨가 그런 소리까지 해?"

그러자 가정부는

"아~니, 그 얘기는 정원사 아저씨가!"

유효기일

서른 살이 훌쩍 넘어 노처녀로 결혼하게 된 여자가 있었다.

신혼여행 첫날 저녁. 일을 막 끝내고 나서 남편이 고무호스 모양의 비닐 주머니 같은 것을 손에 들고 뭐냐고 물었다.

노처녀는 그 동안 섹스에 대한 욕구를 자위행위로 달래곤 했는데 결혼 전 마지막으로 자위행위에 사용했던 굵은 독일제 소시지의 포장용 비닐 껍데기가 거시기속에 남아 있었던 모양이었다.

순간 당황하였으나 얼른 둘러 대었다.

"그거, 처녀막이지 뭐겠어요."

그러자 남편이 손에 들은 걸 코앞에 들이대며

"야, 요새 처녀막에는 유효기일(expiry date)도 적혀 있냐?"

뼈있는 말 몇 마디

온 종일 누워서 텔레비전만 보던 50대 남편이 리모콘이 작동이 안되자 건전지를 갈아 끼우기 시작했다. 원래 있던 건전지는 쉽게 뺐는데 새것을 넣으려니 자꾸만 손이 미끄러진다. 끙끙거리는 남편을 보다 못한 마누라가 뼈있는 말을 던졌다.

"빼는 것만 잘하지, 뭐 하나 제대로 넣는 법이 없다니까."

간신히 건전지를 넣었는데 (+)(-)를 잘못 맞추어 다시 넣게 되었다.

이어지는 마누라의 한마디

"아무렇게나 넣기만 한다고 되는 게 아니란 말이야."

고생(?) 끝에 건전지를 제대로 넣었더니 리모콘 작동이 잘 됐다. 채널 조정도 음량 조절도 모두 잘되는 것을 보고 마누라가 또 한방 날렸다.

"거봐요. 제대로 넣고 누르니까 소리도 잘 나잖아."

남편은 보던 연속극이 끝나자 잠이나 자려고 텔레비전을 끄고 방으로 들어 갔다. 그 뒤통수에 대고 마누라의 마무리 펀치가 날라 왔다.

"꼭 혼자만 즐기고 잠든 다니까. 에이 저 웬수!"

13장

여러 가지 시리즈

70년대 말부터 80년대 까지 유행하던 바보 시리즈, 참새 시리즈, 정신병자 시리즈, 식인종 시리즈, 90년대 유행하던 사오정 시리즈 및 기타 시리즈들 중 대표적인 것들을 몇 가지 정리해 본다.

바보 시리즈 (IQ 시리즈)
참새 시리즈
식인종 시리즈
사오정 시리즈
정신병 시리즈
ㅆ 새끼 시리즈

바보 시리즈

1) IQ 수준별 행태

IQ 10
- 아이스크림을 먹는데 입을 찾지 못해 아이크림을 얼굴에 바른다.
- 고추장을 맛볼 때는 새끼손가락으로 고추장을 살짝 찍은 다음 엄지손가락을 입으로 쪽 빤다.
- 자장면을 먹을 때는 국수 먼저 먹고 자장을 마신 다음 일어나서 몸을 흔들어댄다.(위속에서 섞이라고)

※ 각 항목마다 제스처를 곁들여야 함

IQ 20
- 뒤통수를 보고 싶을 때는 거울을 뒤통수에 10초쯤 비추었다가 재빠르게 얼굴 앞으로 가져다가 쳐다본다.
- 왼쪽 손등이 가려우면 오른쪽 손바닥을 긁어서 왼쪽 손등에 얼른 올려놓는다.
- 군에 입대하여 군화끈을 매는데 왼발을 댓돌 위에 올려놓고 오른발 군화끈을 맨다.

※ 각 항목마다 제스처를 곁들여야 함

IQ 30
· 천정에 달려있는 전구를 바꾸는데 전구를 잡고 자기가 빙빙 돈다.
· 천정이 높아 A가 B를 엎드리게 하고 등 위에 올라가서 전구를 잡고 빙빙 도는데 엎드려 있던 B가 「짜샤! 왜 니가 돌아? 내가 돌면 될텐데.」하고 돈다.

※ 각 항목마다 제스처를 곁들여야 함

IQ 40
여선생이 산수를 가르치며 「자, 여러분 1+2=3이예요. 그럼 2+1은 얼마일까요? 철수가 맞추어 봐요.」
그랬더니 IQ 40의 철수가 「저년은 쉬운 것은 맨날 지가하고 어려운 문제만 나보고 풀래.」

IQ 50
재래식 변소에서 일을 볼 때마다 미끄러져 빠지는 아이에게 엄마가 여러 차례 가르쳤다.
「발이 미끄러져서 빠질 것 같으면 얼른 두 팔을 양쪽으로 벌려라」고.
그러던 어느 날 아이가 일을 보다 미끄러지게 되자 양팔을 벌렸더니 과연 양쪽 겨드랑이에 걸려 빠지지 않게 되었다. 순간, 아이는 너무 기쁜 나머지 「만세!!」하면서 두 팔을 번쩍 들다가 그만 아래로 풍덩.

※ 팔 벌리라는 것과 만세! 할 때 제스처가 따라야 함

IQ 60

IQ 30 아이가 매일 동네에서 놀다가 매 맞고 울며 돌아왔다. 답답했던 아버지가 아이를 불러 앉혀 놓고 방바닥에 손을 댄 다음 아이보고 때려보라고 했다. 아이가 때리는 순간 아버지가 손을 살짝 치우며 「마, 싸움은 이렇게 하는 거야.」라고 가르쳤다.

다음날 아이가 밖에서 놀다가 싸움을 하게 되었는데 얼굴에다 손을 대고 때리라고 하였다. 상대가 주먹으로 손을 치려는 순간 살짝 손을 치우니 주먹은 얼굴을 갈겼다. 그러자 이 녀석 하는 말 「짜샤! 싸움은 이렇게 하는 거야.」

※ 제스처가 따라야 함

IQ 70

애인과 산에 갔다. 그런데 애인이 벼랑에 있는 꽃을 꺾어 달라고 했다. 얄미웠지만 하는 수 없이 애인에게 밧줄을 잡게 하고 내려가 꽃을 꺾었다. 올라오면서 생각하니 「이 밧줄을 놓으면 애인이 엉덩방아를 찧겠지.」 하는 생각이 들었다. 고소할 거라는 마음에 빙긋이 웃으며 잡고 있던 밧줄을 놓아버렸다.

2) 바보의 문상

좀 모자라는 청년이 친구아버지가 돌아가셨다는 연락을 받고 문상을 갔다. 마침 염을 하고 있던 중이라 잠시 기다렸다가 조문을 하게 되었다.

멍청이 : (설 익은 일본말로 상주에게) "그래, 「니쓰꾸리」(포장)는 잘 되었는가?"

상주가 머뭇거리는데 두 번 반 절하고 나서 친구인 상주에게 다음 말이 이어졌다.

멍청이 : "그래 그렇게 정정하시던 아버님이 왜 갑자기 돌아가셨나?"

상 주 : "글쎄 말일세. 엊저녁에 약주 한잔 하시고 잘 주무시는데 갑자기 천정에 매달아 놓았던 늙은 호박이 떨어지면서 아버님 머리를 치는 바람에 그만…."

멍청이 : "그랬구먼. 그런데 아버님 눈은 안 다치셨는가?"

상 주 : "응. 눈은 괜찮으셨어."

멍청이 : "참 다행이구먼."

조문을 마치고 나와서 신발을 신고 있는데 나무 위에서 까치가 울었다. 그러자 상주에게 다시 하는 말

멍청이 : "여보게. 저 까치 자네 집에서 키우는 건가?"

참새 시리즈

1) 참새 열 마리가 전기줄에 나란히 앉아 있었다. 포수가 한방에 열 마리를 다 잡으려고 왼쪽 끝에 가서 조심스럽게 조준하여 방아쇠를 당겼다. 그런데 맨 끝에 앉아있던 10번째 참새만 떨어져 죽었다. 왜 그렇게 되었을까?

포수가 총을 쏘는 순간 9마리는 다 피했는데 맨 끝에 앉아있던 참새만「어느 녀석이 맞나.」보려고 머리를 앞으로 빼었다가 총알에 혼자 맞았다.

2) 참새 100마리가 전깃줄에 앉아 있었다. 포수가 와서 총을 쏘는 데도 참새들은 꼼작도 하지 않고 앉아 있었다. 왜 날아가지 않고 있었을까.

참새들은「확률이 100분의 1인데 왜 도망가?」하고 계산하고 있었다.

식인종 시리즈

1) 식인종 가족이 남자 하나를 잡았다. 몸통은 할아버지, 다리는 아빠, 팔은 엄마가 먹고, 가운데 물건은 아이에게 주었다.

아이가 자기 것은 제일 적다고 투덜거렸다. 그러자 엄마가 하는 말

"애! 그건 주물러서 먹는 거야."

2) 식인종 부자가 꽤나 굶주린 상태에서 먹을 것을 찾아 나섰는데 때마침 젊은 백인여자가 나타났다.

허기진 김에 부자간에 달려들어 배불리 먹고 났는데 젊은 아들 녀석이 갑자기 생각났다는 듯이 뱉는 말

"에이, 먹고 먹을껄…."

3) 아프리카에서 백인목사가 전도를 하면서 유럽에서 큰 전쟁이 일어났다는 소식을 전했다. 이 이야기를 들은 흑인 식인종이 목사에게 「전쟁이 나면 수백명이 죽느냐.」고 물었다. 목사는「수백 명이 아니라 수천 명, 아니 그보다 더 많이 죽는다.」고 했다.

그러자 흑인 식인종은 이해가 안가는 표정으로 중얼거렸다.

「아니, 백인들은 사람도 안 먹으면서 왜 그렇게 사람을 많이 죽이지.」

사오정 시리즈

1) 사오정이 곰탕집에 갔다. 곰탕 한 그릇에 7,000원이라 해서 만원을 주고 식권과 잔돈을 받아들고 식탁에 앉았다. 식권을 주고 나서 잔돈을 세어보니 3장 있어야 할 천원짜리가 4장 있는 게 아닌가.
기쁘기도 했지만 들통날까 두려워 얼른 밖으로 뛰어나와서는 큰소리로 외쳤다.
"나 점심때 돈 천원 벌었다아…."

멘트 : 물론 사오정은 6천원짜리 곰탕이 나오기도 전에 밖으로 나왔다.

2) 사오정 넷이 다방에 들어가 주문을 시작했다.
사오정1 : "저는 커피수세요."
사오정2 : "저도 녹차주세요."
사오정3 : "저도 콜라주세요."
여기까지 주문 내용을 듣고 난
사오정4 : "아가씨 여기 밀크 네 잔이요."

3) 사오정1이 목욕탕에 갔는데 문 앞에서 한 발 앞서 들어가던 사오정2를 만났다.
사오정1 : "야, 너 목욕탕 가니?"
사오정2 : "아니, 나 목욕탕 가." 그러자
사오정1 : "미안해, 난 니가 목욕탕 가는 줄 알았다."

정신병 시리즈

1) 맥주병과 소주병

맥주병을 보고 「마누라」라고 부르는 정신병자가 병원에서 치료를 받고 있었다. 의사는 그에게 맥주병을 보고 맥주병이라고 하면 퇴원할 수 있다고 말했다. 그러던 어느 날, 의사가 맥주병을 들고 왔는데….

의사 : "이게 무엇이죠?"

환자 : "맥주병입니다."

의사 : "이제 당신은 퇴원하셔도 좋습니다."

그 정신병자가 퇴원 수속을 하고 나오다 보니 쓰레기통 옆에 소주병 하나가 보였다. 그러자 이 사람 하는 말

"아니, 처제가 여기 웬일이야?"

2) 괜한 걱정을….

정신병원에 입원해 있던 사나이가 어느 날 갑자기 없어졌다. 비상이 걸린 병원에서는 사람을 풀어 병원 안팎을 샅샅이 뒤졌으나 역시 없었다. 할 수없이 환자의 집으로 전화를 걸어 상황을 설명하고 혹시 집에 가 있느냐고 물었더니 아내되는 사람이 설명을 했다.

"틀림없이 야구장에 가 있을 거예요. 그이가 야구에 너무 미쳐 정신병원에 입원 시킨거니까요."

ㅆ 새끼 시리즈

다른 시리즈와 달리 종류도 대단히 많고 시대가 흐르고 바뀌어도 우리 한국인들한테는 언제나 폭발적인 웃음을 유발하는 시리즈다.

1) 어느 친구가 겨울철 버스를 타고 가다가 하도 뒤가 급해서 중간에 내려 길가에 있는 재래식 공중변소에 들어갔다. 문을 박차고 들어가 바지를 내리고 일을 보려는데 청소가 잘 안된 변소라 오래 된 ㄸ이 겹겹이 쌓여 있어 도저히 일을 볼 수가 없었다. 도리 없이 나오는데 역시 뒤가 급한 친구가 문 열고 들어가려다 보니 ㄸ이 마치 탑같이 쌓여 있는 게 아닌가.

모르는 사이에 뭐라 말할 순 없고 해서 앞서 나오는 친구를 한심하다는 듯이 원망 섞인 얼굴로 쳐다보았다. 마치 「야! 저 많은 것을 니가 다 쌌냐?」는 듯이.

억울하기 짝이 없는 먼저 친구가 참을 수 없어 한마디 했다.

"김 나나봐, 이 ㅆㅂ 새끼야!"

2) 먼저 친구가 하는 수 없이 조금 걸어서 다른 공중변소에 갔더니 다행히 괜찮아서 큰일을 보기 시작했다. 그때 누군가 급히 뛰어오는 것 같더니 이내 문을 두드리는 노크소리가 났다. 4~5초 흘러도 대답이 없으니 다시 한번 노크소리가 났다. 역시 대답이 없자 문이 열리더니 누군가 성큼 들어서는데 자세히 보니 아

까 그 친구가 아닌가. 안에 있던 친구가 바지춤을 반쯤 올린 채 엉금엉금 걸어 나오는 걸 보고 민망해진 바깥 친구가 이번에도 역시 「두 번씩이나 노크를 했는데 왜 대답이 없었냐.」는 투로 원망 섞인 표정을 짓자 걸어 나오던 친구 왈

"거리를 봐! 이 ㅆㅂ 새끼야…."

화장실 문에서 변보는 자리까지의 거리가 3m나 되는 것이었다. 그러니 일 보다가 노크소리에 응답하려면 엉거주춤 걸어 나오는데 시간이 걸릴 수밖에.

3) 무더운 여름철 시원한 냉면 생각이 난 스님 한분이 냉면집에 들어가서 물냉면 한 그릇을 주문했다.

눈치있는 웨이터가 주문을 받으면서 「혹시 스님이 고기를 안 드시지 않을까.」하는 생각이 머리를 스쳤다.

웨이터 : "스님, 편육을 어떻게 할까요?"

스 님 : "바닥에 깔어, 이 ㅆㅂ 새끼야!"

4) 할머니 한분이 러시아워에 택시를 타려고 아무리 손을 들어도 택시가 서질 않았다. 애쓰는 할머니를 지켜보던 아저씨 한 사람이

"할머니, 지금은 혼잡한 시간이라 택시를 세우실 때 손가락 두 개를 펴보이면서(따블) 세우셔야 되요."

그랬더니 조금 후에 택시 한 대가 섰다. 집 동네 다 와서 큰 길

가에 세웠다. 미터기 요금을 보니 6,000원이 나와 있길래 그냥 6,000원만 주고 내렸다. 당연히 운전기사가 따졌다.

"할머니, 따블 준다고 하셨는데 왜 6,000원만 주세요? 어서 6,000원 더 내세요."

그랬더니 할머니 왈

"너도 같이 타고 왔잖아. 이 ㅆㅂ 새끼야!"

※ 영어로 옮겨져 있음. ■☞ 16장 영어유머편(13)

5) 차에서 내린 할머니가 횡단보도를 건너게 되었다. 그런데 이 할머니는 신호등이 파란불 일 때는 가만히 서 있다가 빨간 분로 바뀌면 차도로 들어선다. 그때마다 출발하던 차들이 멈칫 설 수밖에. 몇 차례 반복되던 끝에 결국 급히 출발하던 택시가 차도에 내려선 할머니를 보고 놀라서 급정거했다. 화가 난 기사가

"할머님, 도대체 지금 뭐 하는 거예요. 크게 놀랐잖아요. 정신 좀 똑바로 차리고 다니세요."

할머니가 생글생글 웃으며 한마디 했다.

"너도 해봐. 이 ㅆㅂ 새끼야. 무지무지 재밌어."

6) 인물이 별로라 남자들이 거들떠보지 않는 것을 비관하던 처녀가 답답한 나머지 점쟁이한테 갔다.

아가씨 : "저는 이 나이가 되도록 남자들하고 그 흔한 연애 한

번 못해보고 있는데 도대체 어찌하면 남자들과 연애 한 번 해볼 수 있는가요?"

점쟁이 : "아가씨 운세를 보니 이승에서는 운이 전혀 없네요. 그러나 저승에 가서는 남자 복이 굴러 들어올 터이니 너무 실망을 하지 마시오."

아가씨는 결국 자신의 처지를 비관하여 이승에서의 희망을 접고 10층 건물에 올라가서 투신자살을 감행했다.

그런데 다행스럽게도 바나나를 가뜩 싣고 가는 트럭 위에 떨어져 목숨은 건졌으나 정신을 잃었다. 의식이 약간씩 돌아오면서 일어나려고 손을 짚었더니 오른손, 왼손 모두에 남자의 물건 같은 것이(바나나) 꽉 잡히지 않는가.

「오라, 점쟁이가 말한 게 바로 이거였구나.」싶어 큰소리로 외쳤다.

"줄서, 줄서 ㅆㅂ 새끼들아, 큰놈은 앞에서고 적은 놈은 뒤로…"

14장

브래지어와 팬티,
그리고 더 재미있는
이야기들

발본색원
휴대전화
국회의원의 단체관광
브래지어와 팬티
10년은 젊어진 느낌
아들 7형제
3번아 잘 있거라 6번은 간다
검정 쏘나타 살짝 곰보
친구사이
에이, 짐승만도 못한…
"아~니"
제발, 불을 꺼요
일년에 겨우 한번
노동과 오락
타잔의 구호
아인슈타인 박사의 강의
어찌하오리까
남편구함
안경과 신문
예물교환
컴퓨터 무지(無知)
수백 대다, 수백 대
아이디어
「식용뇌」(食用腦)를 파는 가게
팬클럽(FAN CLUB)
걸린 사람만 억울
유료화장실
팬티의 좋은점
인물 조각품

바나나
카페인
노름은 언제나 계산이 안 맞아
흔들면 따블
자기분수를 알아야
암소 잡은 셈 쳐
지구 최후의 날
부부싸움
시력검사
VIP고객
두남자의 맥 빠진 대화
무지 무지 높은 사람
우리에겐 다음 칸이 있으니까요
처음 보네요
합이 5개
아내를 사랑해준 이유
가슴과 물건과의 관계
공처가 남편
누구의 소행일까?
노부부의 결혼기념 여행
데이트와 방귀
취업난
자리를 옮길까?
예절교육
인터넷 시대의 마담뚜
얼떨결에…
선글라스(Sunglasses)와 야광시계
"메롱"

발본색원

천신만고 끝에 마누라의 불륜현장을 잡은 남편이 결국 자기 아내를 살해하고는 법정에 섰다.

재판관 : "왜 살인을 하였는가."

남　편 : "현장을 목격한 순간 눈이 뒤집혀서, 그만…."

재판관 : "그래요? 살인동기가 이해되는 점도 있기는 한데…. 그럼, 당신 부인과 당신 부인을 범한 남자 중 누가 더 미웠소?"

남　편 : "그야 그놈이 더 미웠지요."

재판관 : "그럼 더 미운 그놈을 처치할 것이지 왜 부인을…."

남　편 : "네. 저도 그 점을 많이 생각했지요. 그런데 남자를 처치하자면 여러 수십 명을 잡아아 되겠너라구요. 그래서 빠른 길을 택하느라고."

멘트 : 웃음이 끝난 후 뜸을 들였다가 「이런 경우를 사자성어(四字成語)로 표현하면 발본색원(拔本塞源)이라고 하지요.」를 덧붙이도록 함.

휴대전화

어느 날 공중변소에서 열심히 큰 일 보고 있는데 옆 칸 사람이 말을 걸어 왔다.
"안녕하세요?"
「사람 무안하게 큰일 보면서 웬 인사지? 혹시 휴지가 없어서 그런가?」생각하고
"아, 네 안녕하세요." 하고 인사에 대답을 했는데 별 반응이 없더니 잠시 후 다시 말을 건네 왔다.
"그래, 점심식사는 하셨습니까?"
「이사람, 화장실에 앉아서 무슨 밥 먹는 이야기를 하누. 별 이상한 녀석 다 있다.」고 생각을 하면서도 워낙 예의바른 나는 다시 응답을 하였다.
"네, 저는 먹었습니다. 식사하셨습니까?"
그러자 옆 칸 사람 하는 말에 나는 아연실색 하고 말았다.
"저, 아무래도 전화 끊어야겠습니다. 옆에 이상한 사람이 있는 지 자꾸 말을 걸어와서요."

국회의원의 단체관광

국회의원 40여명이 단체관광을 다녀오던 중 버스가 어느 시골길 절벽 아래로 굴러 전원 사상자가 되는 사고가 일어났다.

소식을 접하고 놀란 가족들이 현장에 달려와 보니 그 마을 사람들이 전원을 모두 매장해 버린 뒤였다. 가족 중 몇 사람이 유지인 듯 한 사람에게 물었다.

"아니, 한사람도 살지 못하고 40명이나 되는 사람이 다 죽었습니까?"

여기에 돌아온 유지의 대답은

"글쎄요. 몇 놈은 자긴 안 죽었다고 했습니다만, 그 사람들 입만 열면 거짓말이니 도대체 믿을 수가 있어야죠."

브래지어와 팬티

가슴이 절벽인 아내가 어느 날 백화점에서 유명브랜드 브래지어를 6개씩이나 사가지고 들어와서 남편한테 "이거 어때요." 하면서 자랑삼아 이야기했다.

그걸 본 남편이 핀잔을 주었다.

"당신 절벽 가슴인 주제에 그 비싼 브래지어를 한꺼번에 6개씩이나 사서 어쩔려구 그래."

화가 난 아내의 대꾸

"야! 내가 너 언제 팬티 입는다고 뭐라 그랬냐?"

10년은 젊어진 느낌

아침에 남편이 깔끔하게 수염을 깎고 난 다음 아내를 보고 말했다.
"아침에 수염을 깎고 나면 난 항상 10년쯤 젊어진 것 같은 기분이 든단 말이야. 당신 보기엔 어때? 그렇게 보이지 않아?"
아내가 다소 퉁명스럽게 대답했다.
"그래요. 그런데 기왕이면 잠자리에 들기 전에 깎지 그래요."

※ 영어로 옮겨져 있음. ▣☞ 16장 영어유머편(14)

아들 7형제

아들만 7형제를 둔 부부가 있었다.

아버지는 7형제를 키우면서 첫째서부터 여섯째까지는 대체로 마음에 들어 했는데 일곱째 막내가 언제나 말썽부리고 망나니였다.

아들 일곱을 키우느라 고생하던 아내가 결국은 암으로 투병하다가 마침내 사형선고를 받게 되었다. 병상에서의 부부간 대화.

남편 : "당신 눈 감기 전에 꼭 하나 당신한테 물어보고 싶은 게 있어. 사실대로 얘기해 주면 고맙겠소. 도대체, 거 막내 녀석은 누구 아이요?"

아내 : "내 언젠가 당신이 그 질문 꼭 할 줄 알았어요. 세상 떠나는 마당에 뭐 숨길게 있겠어요. 사실대로 말하리다. 실인즉 일곱째 막내 그 녀석 하나만 당신 아들이에요."

3번아 잘 있거라 6번은 간다

어느 아버지가 오랜만에 미국에 살고 있는 아들과 손자를 만나 즐거운 시간을 가지려고 한달 간 예정으로 미국 아들집에 갔다. 그런데 도저히 오래 있을 기분이 아니라 1주일 만에 돌아오면서 식탁위에 다음과 같은 메모를 써 놓았다.

「3번아 잘 있거라 6번은 간다.」

아들 집에서 며칠 지내다 보니 며느리가 편의상 식구마다 번호를 붙여놓았는데 그 내용은 다음과 같았다.

1번 : 손자 녀석
2번 : 며느리(애 엄마)
3번 : 아들(애 아빠)
4번 : 집에서 기르는 강아지
5번 : 집에서 기르는 고양이
6번 : 시아버지

멘트 :「자식들 보러 미국 갔다가 실망 하시는 분들 적지 않지요.」

검정 쏘나타 살짝 곰보

어느 공무원 부인이 매달 한 번씩 여고동창 계모임에 참석하다 보니 슬그머니 화가 치밀었다. 시내 L호텔에서 뷔페점심 모임인데 다들 기사딸린 차를 타거나 아니면 자가용을 몰고 오는데 자기 혼자만 지하철이나 버스를 타고 다녔으니까.

어느 날 남편한테 불평을 해댔더니 한 번은 남편이 어디다 부탁을 했는지 기사딸린 자동차를 보내주었다. 폼 좀 재고 계모임에 참석한 것까지는 좋았는데 끝나고 호텔 정문 앞에서 차량 호출을 하려다 보니 갑자기 남의 차를 얻어 탄 바람에 차량번호를 알 수가 없었다.

호텔 도어맨이 답답해서 물었다.

"사모님 무슨 종류의 차를 타고 오셨나요?"

"쏘나타인데요."

"차 색깔은요?"

"검정색"

"운전사가 어떻게 생겼던가요."

부인이 뒷좌석에 앉아 오면서 옆으로 슬쩍 보았던 모습을 애써 떠올리며

"얼굴이 조금 얽었던 것 같았어요."

말이 떨어지자 마자 도어맨은 차량 호출 마이크에다 대고

「검정쏘나타 살짝 곰보 나오세요. 검정쏘나타 살짝 곰보 나오세요.」

친구사이

가까운 친구 둘이서 아프리카 사파리(Safari) 여행 중이었다. 안내인이 「다음은 사자들이 있는 곳을 지나갈 테니 조심하라.」고 설명하자 갑자기 한 친구가 구두를 벗고 조깅화로 바꾸어 신는 게 아닌가. 미처 조깅화를 챙겨오지 못한 친구가 화도 나고 해서 핀잔조로 말했다.

친구A : "야, 니가 조깅화 신는다고 사자보다 더 빨리 뛸 수 있겠어?"

친구B : "물론 사자가 더 빠르겠지. 그렇지만 너보다 빠르기만 하면 무사할거야."

멘트 : 친구가 사자에게 잡혀 먹히는 동안 자기는 계속 도망간다는 이야기지요.

에이, 짐승만도 못한…

젊은 남녀가 데이트하다 통금시간이 되어 할 수 없이 근처 여관에 들어갔다. 이런 경우 으레 방은 하나 밖에 없는 법이다. 방에 들어가 여자는 겉옷을 벗어 방 한가운데 줄을 긋듯 늘어 놓고 남자에게 말했다.

"나는 아랫목에서 오빠는 윗목에서 자는데 만일 이 경계선을 넘어 오면「짐승」으로 생각할테니 각오해요."

남자는 여자가 하도 단호하게 이야기하는 것 같아 열심히 참고 하룻저녁을 무사히 보냈다. 아침에 일어난 여자는 아무 일 없었던 것을 확인하고는 남자에게 한마디 했다.

"에이, 짐승만도 못한 놈아."

"아~니"

돌 지난 어린아이를 데리고 단칸방에 사는 부부가 있었다. 어느 날 저녁 남편이 슬그머니 생각이 나서 옆에 아내에게 눈치를 주었는데 이날따라 아이가 혼자 손가락을 빨며 놀고 있었다. 한동안 기다리던 남편이 아내를 쳐다보며 "애 자나?"하고 나지막히 물었더니 아내가 조용하게 "아니"하면서 손을 저었다. 할 수 없이 반시간쯤 지나서 또 물었더니 여전히 아니라고 손을 저었다.

다시 한 시간쯤 기다렸다가 "애 자나?"하고 물었더니 그 사이 아내는 잠들어 버리고 애가 "아니"라는 뜻으로 손을 저었다.

멘트 : "아니" 할 때는 제스처를 곁들어야 함.

※ 영어로 옮겨져 있음. 16장 영어유머편(15)

제발, 불을 꺼요

60대 부부가 어느 날 관계를 갖게 되었는데 남편이 오늘은 불을 켜고 하자고 하니까 아내가 제발 불은 켜지 말라고 사정했다. 남편이 의아해서 말했다.

"아니, 결혼생활 30년이 넘었는데 새삼 무엇이 부끄럽다고 불을 못 켜게 하느냐."

아내가 나직이 한숨을 쉬며 대꾸했다.

"그게 아니라 불빛 아래서 당신을 보면 「또 당신이구나.」하는 생각에 힘이 쭉 빠져서요."

일년에 겨우 한번

　시도 때도 방귀를 뀌는 여자가 어느 날 이가 아파 치과엘 갔다. 의사가 "아~하세요." 하면서 치아를 보려고 하는 순간 여지없이 방귀가 나왔다. 창피하고 민망해진 여자가 변명을 했다.
　"선생님 죄송합니다. 저는 일년에 겨우 한 번 정도 방귀를 뀌는데 하필 오늘 따라 이 자리서 그만…."
　의사가 다시 진찰을 시작하려는 순간 여자가 연속으로 두 번의 방귀를 더 뀌게 되었다. 그러자 여자가 미처 다시 변명할 사이도 없이 의사가 무릎을 치며 중얼거렸다.
　"야, 세월은 빠르구나! 벌써 3년이 흘러갔구나."

노동과 오락

　서해교전 후 열린 남북 군사회담 도중 휴식시간이 되었는데 회의가 지루해서 남북이 농담 한 마디씩 교환하기로 했다. 다음은 북측 대표의 이야기.
　북한군 고위 장성이 어느 날 부관 보고 섹스행위가 노동이냐 오락이냐고 물었다.
　부관 : "그야 물론 오락이디요."
　장성 : "내 생각으로는 노동 같은데 너는 왜 오락이라고 생각하는기야?"
　부관 : "대장 동무레, 그기 노동이면 나보고 하라고 했을 것 아니갔시요. 오락이니끼니 대장 동무가 딕덥 했갔지요. 안 그렇슴네까?"

타잔의 구호

타잔 영화를 보면 위급상황이 와서 타잔이 동물들을 불러 모을 때는 언제나 아~~ 하는 독특한 소리를 낸다.

어느 날 타잔이 나무위에서 유유자적하고 있는데 갑자기 「치타」가 쿵쿵거리며 위급신호를 보냈다. 눈을 들어 앞을 보니 타잔 애인이 호수에서 수영을 하다가 악어들에게 쫓기고 있었다.

순간 타잔이 줄을 잡고 호수 위로 날면서 애인을 끌어올리는 시도를 했다. 호수에 있는 애인 가까이 날아가서 팔을 벌리는 순간 애인은 급한 김에 그만 타잔의 중요한 「물건」을 잡게 되었다. 타잔은 얼마나 아팠을까. 자기도 모르게 나온 소리가 아~~였고 이후 이 소리는 급할 때 타잔이 사용하는 구호가 되었다고 전해진다.

아인슈타인 박사의 강의

　아인슈타인 박사는 생전에 이곳 저곳에 초청받아 수백 회의 학술강연을 했었다고 한다. 하도 여러 차례 강연을 하다보니 운전기사도 강의 내용을 줄줄이 꿰고 있을 정도가 되었다고.
　어느 날 아인슈타인 박사가 감기에 걸려 예정된 강의를 할 수 없게 되자, 박사는 뒷자리에 그냥 앉아 있고 운전기사가 대신 강의를 하게 되었다. 운전기사가 박사와 똑같이 강의를 잘 끝냈는데 그 날 따라 느닷없이 수강자 중 한사람이 질문을 했다. 강의는 수백 차례 들어서 익힌 대로 차질 없이 할 수 있었던 운전기사였으나 어려운 질문에 답을 줄 수는 없었다. 그러나 순간적인 기지로 어려운 질문을 모면했다.
　"그런 쉬운 질문은 저기 뒤에 앉아있는 내 운전기사가 충분히 답을 줄 수 있을 것이오."

어찌하오리까

어떤 남자가 수심이 가득한 얼굴로 내과병원을 찾았다.
"선생님, 아무래도 제 몸에 큰 이상이 있나봅니다."
"어디가 이상하십니까?"
"글쎄, 콩을 먹고 화장실에 가면 콩이 그대로 나옵니다. 또 오이를 먹고 화장실에 가면 오이가 그대로 나오구요. 선생님, 어쩌면 좋지요?"
"간단하네요. 그럼 띠을 드세요."

남편구함

거의 매일같이 화투를 치거나 아니면 술 마시고 늦게 들어오면서 가정을 돌보지 않는 남편에 극도로 지친 어느 부인이 드디어 남편을 버리기로 굳게 결심하고 인터넷에 「남편구함」 광고를 띄웠다.

그랬더니 불과 한 시간도 안 되어 100여명으로부터 「제발, 우리 남편 좀 데려가세요.」라는 주문이 폭주하더니 결국 컴퓨터마저 다운되었다고.

※ 영어로 옮겨져 있음. ■ 16장 영어유머편(16)

안경과 신문

할머니 한 분이 서울서부터 기차를 타고 마산으로 가는 길이었다. 글자를 모르는 할머니라 삼랑진에서 바꿔 타야 되는 일이 걱정이었다. 그런데 마침, 기차가 삼랑진에 도착할 즈음 넥타이 매고 안경 쓴 신사가 맞은 편에 앉아서 점잖게 신문을 보고 있는 것을 보고 도움을 청했다.

"선상님요. 내사 삼랑진에서 내려야 되는데 혹시 여기가 삼랑진인교?"

"저기 서있는 안내 간판을 보면 알 것 아닙니까?"

"내사 글자를 모르는 까막눈이라 안 그랍니까."

"나, 역시 까막눈입니다."

황당해진 할머니가 혼자 중얼거렸디.

"빙신새끼 아이가, 안경 쓴 놈이 글자도 모르면서 와 신문을 보노?"

열 받은 신사의 대꾸

"야, 니 안경 써봐라, 글자가 보이는가"

예물교환

좀 모자라는 친구가 드디어 결혼하게 되었다. 결혼식 도중 차례에 따라 예물교환 순서가 되었는데 신랑이 주례만 멀뚱멀뚱 쳐다보았다. 답답해진 주례가 말은 못하고 조용히 제스처를 했다. 왼쪽 검지손가락을 오른쪽 엄지와 검지사이로 밀어 넣으면서 "이거 이거"

맹한 신랑이 여전히 못 알아듣고 멍하니 서있었다. 다급해진 주례가 드디어 두 팔로 "주먹떡" 먹이는 제스처를 하면서 "이거 이거" 했다. 그랬더니 신랑이 큰 소리로 "여기서요?"

(신랑은 반지를 뜻하는 주례의 제스처를 자위행위를 하라는 뜻으로 이해한 것이다.)

멘트 : 「결혼식 주례 자주 서시는 분들 '예물교환'에 주의합시다!」

컴퓨터 무지(無知)

1) 아들의 도움을 얻어서 겨우 인터넷 까페(Internet cafe)를 개설한 사람이 친구한테 자랑스럽게 이야기 했다.
   A : "이봐, 나 인터넷 까페 열었어."
   B : "응, 그래? 너 돈 많이 벌었나보구나."

2) e-mail로 친구에게 편지를 보낸 사람이 금요일 오후에 그 친구를 만나게 되었다.
   A : "내가 자네한테 어제 e-mail로 편지를 보냈는데 읽어보고 재미있게 답장 보내줘."
   B : "응, 주말은 우체국이 쉬니까 월요일쯤 보낼게."

수백 대다, 수백 대

어느 친구가 자가용으로 경부고속도로를 타고 부산으로 가는데 길이 너무 밀렸다. 그런데 반대편 상행선을 보니 한적하여 자동차들이 모두 씽씽달리고 있었다. 고민 끝에 상행선으로 옮겨 부산 방면으로 역주행을 시작했다. 잠시 후 교통방송에서 긴급속보가 나오기 시작했다.

「경부고속도로 상행선으로 가시는 분들께 급히 알립니다. 지금 어느 정신 나간 사람 하나가 상행선에서 부산방면으로 역주행하고 있으니 각별히 조심하시기 바랍니다. 반복합니다.」

역주행 하던 친구가 방송에서 흘러나오는 뉴스를 듣더니 한마디 내뱉었다.

"짜샤! 한 대가 뭐냐! 수백대가 역주행하고 있는데, 수백대가 말이야, 미친놈…."

멘트 : 이 친구는 자기가 정상적으로 가고 제대로 가는 사람들이 모두 역주행하는 것으로 보는 거지요. 아마 더운 날씨 탓일 수도 있겠죠.

아이디어

　조그만 소매가게 왼쪽에 있는 고층건물에 경쟁자가 큰 가게를 열더니 「최고로 싼 가격」이란 간판을 크게 걸고 장사를 시작했다.
　그것만으로도 소매가게 장사 타격이 적지 않은데 얼마 후에는 오른쪽에 있는 큰 건물에 새로운 가게가 또 들어서더니 「최고의 명품만 취급」이라는 간판을 내걸고 장사를 시작했다.
　도무지 장사가 안 되어 망할 지경이 된 소매가게 주인이 여러 날 고민하다가 드디어 번쩍 아이디어가 떠올라 새로운 간판을 내걸었다.
　「입구는 바로 여기입니다.」

「식용뇌(食用腦)」를 파는 가게

　먹거리가 매우 다양해진 세상이다. 어느「식용뇌」를 판매하는 상점에 아주머니가 들어갔다. 진열장에 있는 뇌를 가리키며 주인에게 물었다.
　"저기, 저 의사의 뇌는 얼마죠?"
　"네, 1kg에 만원입니다."
　"그럼 이쪽의 교수의 뇌는요?"
　"그건 1kg에 이만원입니다."
　진열장을 쭉 둘러보던 아주머니가 진열장 제일 위에 금박으로 싼 뇌를 가리키며
　"저건 얼마나 하나요?"
　"네, 그건 좀 비싼건데요. 1kg에 십만원입니다."
　"누구 뇌인데 그렇게 비싸죠?"
　"정치인의 뇌죠."
　"정치인요? 아니 별로 하는 일도 없이 싸움박질이나 하는 사람들인데 왜 그렇게 비싼가요?"
　아주머니는 말도 안 된다는 듯이 되물었다. 그러자 상점 주인은 아주 진지한 얼굴로 대답했다.
　"그러니까 비싸죠. 거의 쓰질 않아서 신품이나 진배 없거든요."

※ 영어로 옮겨져 있음. ■☞ 16장 영어유머편(17)

팬클럽(FAN CLUB)

가까운 친구가 갑자기 병원에 입원했다는 소식을 듣고 병문안을 갔다. 친구의 병실에 들어섰더니 수십명의 간호사가 병실을 들락거리며 친구를 열심히 보살펴 주는 것이었다. 놀란 남자가 친구에게 물었다.
"여보게, 이 많은 간호사들이 어떻게 된 거야. 자네, 혹시 뭐 죽을병에라도 걸린 거야?"
그러자 친구의 대답
"별거 아냐. 내가 엊그제 포경수술을 받았는데 58바늘이나 꿰맸다는 소문이 퍼져 나간 모양이야. 그래서 간호사들이 팬클럽을 결성했다는군."

멘트 : 얼마나 컸으면 58바늘씩이나….

걸린 사람만 억울

어느 친구가 경부고속도로를 130km로 달려가다가 교통 순찰에게 걸렸다. 사실은 자기보다 더 빨리 달린 차들도 많았는데 하필 자기만 적발된 것이 억울하게 생각되어 경찰에게 따졌다.
"아니 나보다 더 빨리 달리는 차들도 많은데 왜 나만 잡나요?"
경찰관이 물었다.
"당신 낚시 해봤수?"
"낚시요? 물론 해봤죠."
그러자 경찰관이 아주 태연한 얼굴로
"그럼, 댁은 낚시터에 있는 물고기를 몽땅 잡으쇼?"

유료화장실

1) 김포공항 국제선 청사에 미국서 오는 아이를 마중 나갔던 아주머니가 기다리는 도중에 화장실에 갔더니 유료였는데, 남녀 간에 요금차이가 있었다. 즉 남자는 500원, 여자는 1,000원. 아주머니가 관리인에게 따졌다.

"남녀 다 똑같이 일보는데 왜 여자는 배로 받나요?"
"버스나 기차도 입석(立席)과 좌석(座席)은 요금이 다르지 않습니까."

2) 아이를 데리고 부산으로 가려고 국내선 청사로 갔다. 이번에는 아저씨(아빠)가 화장실에 갔더니 요금이 정반대였다.

즉, 여자는 500원, 남자는 1,000원
"왜 화장실 요금이 남자한테는 두배인가요?"
"당신은 흔들었잖아."(고스톱에서 흔들면 두배니까)

팬티의 좋은점

어느 팬티 세일즈맨이 팬티를 입어보지도 않은 농부에게 팬티를 팔러갔다. 팬티의 좋은 점을 열심히 설명하려 하자 농부가 물었다.

"요컨대 팬티를 입으면 어떤 점이 좋다는 건가요?"

세일즈맨은 자신 있게 그러면서도 알아듣기 쉽게 차근차근히 설명을 했다.

"첫째, 깨끗합니다. 둘째, 보온이 잘 됩니다. 셋째, 착용감이 매우 좋습니다."

마침내 착한 농부는 외판원의 말을 믿고 팬티를 사서 입고 들판에 나갔다.

그런데 일을 하다가 갑자기 변이 마려웠다. 평소 습관이기도 했지만 또한 비싼 팬티를 아껴야 된다는 생각에 팬티를 내리지 않고 변을 보았다. 앉아서 힘을 준 뒤 아래를 보니 ㄸ이 안 떨어지는 것 아닌가. 그러자 농부가

"음. 과연 깨끗하구면"

일을 끝내고 나서 바지를 올리니 곧 엉덩이가 뜨듯해짐을 느꼈다.

"오라, 역시 보온효과도 뛰어나군."

일을 끝내고 경운기에 올라앉자 엉덩이가 푹신하게 느껴질 수밖에. 그러자 농부는

"햐, 그것 참 착용감이 아주 캡이구만."

인물 조각품

남편이 출장을 떠나자 그 부인이 이 때다 싶어 내연의 관계를 맺고 있던 남편 친구를 집으로 불렀다. 한참 운우의 정을 나누고 있는데 갑자기 전화가 울려서 받았더니 남편이 비행기 고장으로 내일 가게 됐다며 곧 집에 들어간다는 전갈이었다. 급한 김에 알몸인 남편 친구를 침대에서 끌고 나와 온몸에 식용유를 바르게 하고 밀가루를 뿌렸다. 밖으로 나갈 시간이 없어 거실 벽 쪽에 조각같이 서있게 했다.

집안에 들어선 남편이 안방으로 들어오면서
"거실에 못 보던 조각 같은 게 있던데 뭐냐?"고 묻자 부인은 얼른 대답했다.
"낮에 쇼핑 나갔다가 괜찮은 작품이 있어 하나 들여놨다."고
남편은 대수롭지 않다는 반응을 보였고 별 탈 없이 내외가 잠들었다.

그런데 새벽녘, 남편이 부시시 일어나 부엌으로 가더니 토스트 두 조각에 밀크 한 잔 쟁반에 받쳐 조각품한테 건네주면서 이렇게 말하는 것 아닌가.

"이봐, 먹어. 나도 며칠 전 내 친구 집에 갔다가 비슷한 일 겪었는데 새벽에 배가 고파서 아주 혼이 났거든."

바나나

　군대에서 처음 외박을 나온 친구가 집에 가는 길에 늘 먹고 싶던 바나나 세 개를 샀다. 퇴근길 만원 버스라 자칫 바나나가 뭉개질까봐 한 개는 오른쪽 주머니, 또 한 개는 왼쪽 주머니 남은 한 개는 뒷주머니에 넣고 올라탔다. 이리 밀리고 저리 밀리면서 한동안 가다가 바나나가 걱정이 되어 오른쪽 만져보니 이미 문드러졌고 왼쪽 것도 마찬가지였다. 얼른 뒷주머니 쪽을 만져보니 온전한 것 같았다. 「이거 하나 남았는데 잘 가지고 가서 맛있게 먹어야지.」하면서 조심스럽게 그러나 꽉 움켜쥐고 갔다.
　버스에서 내려 그나마 한 개라도 먹게 된 것을 다행으로 생각하고 집으로 걸음을 옮기기 시작했는데 갑자기 뒤에서 "군인 아저씨, 제발 좀 놔주세요."하는 게 아닌가.

　　멘트 : 이 친구 버스 안에서 뒤에 서있던 사람의 거시기를 잡고 있었으니 그 사람은 얼마나 아팠을까?

카페인

어느 신사가 다방에 가서 커피를 주문했다. 아가씨가 커피잔을 놓다가 실수로 신사의 앞자락에 커피를 쏟았다.
아가씨가 민망해서
"선생님, 대단히 죄송합니다."를 연발하면서 수건으로 바지 앞자락을 열심히 닦아주었다.
그러자 신사가
"아가씨, 그만 됐어요. 그런데 이 커피 카페인이 들어있는 건가요?"
아가씨가 "물론이죠"라고 대답했다.
그랬더니 신사가 자기 물건을 가리키며
"허, 이놈 밤새 잠 못 자며 고생하셨는걸"

노름은 언제나 계산이 안 맞아

할아버지, 아버지, 손자의 3대가 어느 비 오는 일요일 고스톱을 쳤다. 두 시간여 치고 나서 손자가 계산해보니 이만원이나 잃었다. 당연히 할아버지 아니면 아버지가 땄을 것이므로 확인차 물었다.

손　　자 : "할배야, 얼마땄노?"
할아버지 : "내 본전인데."
손　　자 : "그럼 아빠는 얼마땄노?"
아 버 지 : "내도 본전인데…."

손자는 듣던 대로 역시 여러 사람이 노름(?)을 하면 언제나 계산이 틀리는구나 생각하고 다음날은 혼자서 고스톱을 쳐 보았다.

지갑을 옆에 놓고 자기가 5점 오르면 지갑에서 5천원 꺼내고 자기가 3점지면 지갑에 3천원 도로 넣고… 하는 식으로 한 시간 남짓 치다보니 소변이 마려워 화장실에 가게 되었다.

그런데 화장실 가려고 일어나면서 일단 계산을 확인해야겠다고 생각하고 세어보니 천원짜리가 15장, 자기가 만오천을 따고 있었다.

화장실 다녀와서 다시 고스톱을 치기전에 또 한번 돈을 세어보니 천원짜리 12장, 즉 만이천원밖에 없는 것 아닌가….

(화장실 간 사이에 누이동생이 방에 들어왔다가 돈이 쌓여있는걸 보고 3천원을 슬쩍했는데 이걸 모르니)

마침내 탄식조로 튀어나온 소리가
"응, 고스톱은 혼자 쳐도 역시 계산이 안 맞는구먼…."

흔들면 따블

젊은 남녀가 대낮에 데이트 하다가 여자가 다리가 아프다고 해서 잠깐 쉴겸 여관에 들어갔다. 우두커니 앉아있기도 뭣해서 둘이 고스톱을 몇 판 치게 되었는데 여자의 제의로 그냥은 심심해서 내기를 걸었다.

남자가 3점으로 나면 손을 만지고 5점이면 키스, 10점이면 섹스 한번으로.

여자는 쉬어가자고 얘기했을 때부터 생각한 바가 있어 남자가 많은 점수를 올리도록 도와주었는데도 겨우 5점 나는 것으로 끝났다.

남자는 애석했지만 하는 수 없이 약속대로 키스만 하고 다음 판으로 들어가려 했는데 키스가 끝나자 어지기 갑자기 생각났다는 듯이

"자기 아까 흔들지 않았어?"

(흔들면 따블이니)

자기분수를 알아야

50대 신사가 점잖게 차를 몰고 가다가 신호에 걸려 멈추어 서 있는데 옆을 보니 나란히 서 있는 차 속의 여자가 아주 멋지게 보였다.

혹시나 해서 창을 내리고 여자에게 창을 내려보라고 신호를 보냈더니 궁금하게 생각한 여자가 창을 내렸다. 신사가 「저 앞에 가서 차나 한잔하면 어떻겠냐.」고 물어봤다.

한데 여자가 보니까 신사가 "별로"였다. 그래 아무 대꾸 없이 그대로 출발했는데 공교롭게도 다음 신호등에서 또 나란히 서게 되었다.

그런데 이번엔 여자가 먼저 창을 내리더니 이 신사 보고 창을 내려보라는 신호를 보내왔다.

혹시나 하는 기대를 가지고 신사가 창을 열었더니 한마디 툭 던지고는 싹 출발해 버렸다.

"야, 너 같은 건 집에도 있다."

멘트 : 나이가 들어가면서 자기분수를 알아야….

암소 잡은 셈 쳐

여러 날 고기를 못 먹은 스님 한분이 푸줏간을 겸하고 있는 고 깃집에 들어왔다. 메뉴로 소불알을 두 개나 시켜서 맛있게 구워 먹고는 그냥 나가려고 했다. 식당 주인이 돈을 내고 가야할 거 아니냐고 따졌더니 그대로 나가면서 한마디 했다.
"이봐요, 주인장. 암소 잡은 셈 쳐, 암소 잡은 셈 치라구!"

지구 최후의 날

지구 최후의 날이 되어 온 세상 사람들이 모두 난리였다.
30분 정도 남은 시간에 어느 부부가 주고받은 이야기
아내 : "여보 이제 30분 밖에 안 남았는데 우리 뭐 기억될만한 일 좀 할 수 없을까요?"
남편 : "뭐 특별한 게 있겠소. 마지막으로 그거나 한 번 하지 뭐."
아내 : "그래요. 그런데 나머지 29분은 또 뭘 하지요?"

멘트 : 남편은 대단한 조루증이 있었다고….

부부싸움

어느 부부가 대판 싸움을 하고 서로 말을 하지 않으리라고 작심을 했다. 그런데 남편은 내일 아침 회사에 일찍 나갈 일이 있었기에 할 수 없이 쪽지에
「여보, 나 내일 7시에 깨워줘요.」라고 적어 놓고 잠들었다.
다음날 아침 남편이 눈을 떠보니 이미 8시를 지나고 있었다. 벌떡 일어나 서둘러 출근 준비를 하려다보니 머리맡에 메모가 있었다.
「여보! 7시예요. 어서 일어나요.」

※ 영어로 옮겨져 있음. ■☞ 16장 영어유머편(18)

시력검사

어느 청년이 어떻게든지 힘 덜 들이고 군대 안 갈 궁리를 하다가 드디어 방법을 찾아냈다. 커다란 안경을 하나 사 쓰고 시력검사에서 불합격 판정을 받는 것이 가장 좋을 것 같았다.

신체검사 받는 날. 차례차례 순서대로 돌다가 드디어 시력 검사장으로 갔다. 그런데 공교롭게도 안과 검사관은 여자 군의관이었다.

청년은 여군의관이 어떤 큰 글자를 가리켜도 무조건 안 보인다고 잡아뗐다. 멀쩡하게 생긴 녀석이 안 보인다고 하니 검사관은 답답해서 웃옷을 벗고 커다란 유방을 흔들어대며

"이게 뭐죠?"

"잘 안 보이는데요. 좀 더 가까이 보여 주세요."

청년은 그것도 안 보인다고 하면 다음에는 더 신나는 광경을 볼 것 같았다. 마침내 검사관이 아랫도리를 드러내면서

"이것도 안보이나요?"

"조금 희미하게 보이는 것 같은데 더 가까이 와 보세요."

그러자 여군의관이 다가와 난데없이 귀싸대기를 한 대 올려붙이면서 한 마디했다.

"짜샤! 안 보인다면서 거기 그건 왜 서냐?"

VIP고객

　모 은행 강남지점에 정확하게 매주 월요일이면 100만원씩 예금을 하는 할머니 고객이 한 분 계셨다. 늘 고마움을 갖고 있던 지점장이 눈여겨 보다가 어느 날 예금하러 왔을 때 지점장실로 모셔 차 한잔 대접하면서 여쭈었다.

　"할머니 정말 고맙습니다. 큰 금액을 매주 꼬박꼬박 예금을 해 주셔서… 진작 찾아뵈었어야 했는데…."
　"고맙긴, 뭘 그 정도 가지구…."
　"그런데 할머니, 외람스런 말씀이지만, 그 연세에 어떻게 매주 100만원씩이나 예금을 해 주실 수 있으신지요? 뭐 특별한 수입원이라도 있으신가요?"
　"다른 것 없고 매주에 한두 번씩 "내기" 하는 게 유일한 취미이자 돈버는 방법이라우."
　"무슨 내기를 어떻게 하시는데요."
　"궁금하면 지점장도 나하고 내기 한번 하려우? 절대 손해날 일은 없을테니."

　지점장은 내기금액이 100만원이나 되어 순간 멈칫했으나 손해 날 일 없다는 할머님 말씀에, 또 VIP고객에 대한 예우도 해드려야 할 것 같아 응락 하였다.

　"그래 무슨 내기를 하는 건가요."
　"지점장 지금 바지춤에 손을 넣어 불알이 몇 개인지 만져보시오."
　"네, 두 개입니다."
　"틀림없이 두 개지요? 그런데 다음주 월요일날 3시가 되면 세 개가 되어있을 것이요. 이를 두고 100만원씩을 거는데 일주일 뒤에 그대로 두 개면 지점장이 이기는 거고 세 개가 되면 내가 이기는 거요. 그래서 진 사람이 이긴 사람한테 100만원 주기요."

다음주 월요일. 할머니 오실 시간이 가까워 오자 지점장은 한편으로 불안해지기 시작했다. 그럴리는 없겠지만 할머님이 실 없는 분도 아니겠거니와 워낙 자신 있게 내기를 거는지라 화장실에 가서 확인을 해두었다. 틀림없이 두 개였다.

이윽고 약속시간이 되자 할머니가 오셨는데 중년신사 두 사람과 함께였다.

"지점장 준비되었소?"

"네, 물론이죠."

"자, 그럼 일어서서 바지를 벗으시오."

지점장이 일어서서 바지를 벗자 할머님은 같이 온 두 중년신사에게 각각 지점장의 아랫도리를 만져보도록 했다. 물론 두 개였다.

할머니가 두 신사에게

"자, 됐습니까?" 하고 묻자 두 신사는 끄덕거렸다. 이어서 두 신사는 할머니에게 각각 100만원씩 내놓는 게 아닌가. 할머니는 지점장에게 내기에 졌다면서 100만원을 건네고 나머지 100만원은 할머니 계좌에 입금해 달라고 하였다.

할머님은 틈나는대로 돈 많은 중년신사들을 상대로 「은행지점장 불알」만져보는 기회를 주는 것으로(일반사람들이 믿기 어려운 일이다.) 100만원씩 걸고 내기를 한 것이었다.

두 남자의 맥 빠진 대화

A : "이봐, 어제 아내가 친정엘 가서 혼자 자는데 느닷없이 가정부가 알몸으로 내 이불 속으로 기어들어와 눕더군."
B : "그래서 어떻게 했나?"
A : "그러더니 나를 꽉 껴안고 찐한 키스를 하면서 자기 다리를 내 위에 올려 놓는거야."
B : "아, 그래서 어떻게 했냐니까?"
A : "어떻게 하다니? 나는 여자라면 오로지 내 아내만을 사랑하네. 그러니 나는 그녀를 타일러서 제 방으로 고이 돌려 보냈지. 자네라면 어떻게 했겠나?"
B : "나도 마찬가지였겠지… 이 거짓말쟁이 개자식아…!"

무지 무지 높은 사람

미국을 방문 중인 교황이 어느 날 갑자기 자동차를 몰고 싶은 생각이 들어 운전사에게 물었다.

"여보게, 오늘은 내가 운전을 좀 해볼까?"

"물론입죠."

그래서 운전기사가 뒷자리에 앉고 교황이 운전대를 잡았는데, 과연 거칠게 운전을 하기 시작했다. 제한 속도도 무시하고 차들 사이를 요리조리 피해가는가 하면 사람들 앞길도 막는 가히 총알택시 수준이었다.

그러다 결국 경찰관에게 걸리고 말았다.

경찰관이 차를 세우자 교황은 창문을 열고 왜 그러느냐고 물었다.

교황을 본 경찰관은 깜짝 놀라 본부에 무전보고를 했다.

"제가 지금 굉장히 높은 분을 교통법규 위반으로 세웠는데 어떻게 할까요?"

"누군데? 상원의원인가?" 본부에서 물었다.

"아닙니다. 그보다 훨씬 높은 사람 같은데요."

"그럼 대통령이란 말인가?"

"글쎄요. 좌우지간 교황을 운전사로 두고 있는 걸 보면 무지무지 높은 사람임에는 틀림이 없습니다."

※ 영어로 옮겨져 있음. ■ 16장 영어유머편(19)

우리에겐 다음 칸이 있으니까요

지하철에서 본 어느 외판원 이야기.

집에 가려고 동대문에서 지하철 1호선을 탔다. ―인천행― 출발지가 청량리라서 그런지 자리가 많았다. 한참 가다 신도림역에서 어떤 50대 중년남자가 가방을 들고 탔다. 그 사람은 헛기침을 몇 번 하더니 가방을 내려놓고 손잡이를 양손에 쥐고는 이야기를 하기 시작했는데 이제부터 그 사람이 한 말 그대로 옮겨본다.

"자! 여러분 안~녕하쉽니까."

"제가 이렇게 여러분 앞에 나선 이유는 가시는 걸음에 좋은 물건 하나 소개해 드리고자입니다."

"물건 보여 드리겠습니다."

"자! 프라스틱 머리에 솔이 달려 있습니다. 이게 무엇일까~요?"

"칫~솔입니다."

"이걸 뭐할려고 가지고 나왔을까~요?"

"팔려고 나왔쉽니다."

"한 개에 200원 다섯 개 묶여 있습니다. 얼마일까~요?"

"천~원입니다. 뒷면 돌려보겠습니다."

"영어 써 있습니다. 메이드 인 코리아. 이게 무슨 뜻일까~요?"

"수출했다는 겁니다."

"수출이 잘 될까요? 망했쉽~니다."

"자! 그럼 여러분에게 한 개씩 돌려보겠습니다."
그리고 그 사람은 칫솔을 사람들에게 돌렸다.
사람들은 웃지도 못하고 무심한 듯 딴청만 피우고 있었고….
그런데, 칫솔을 다 돌리고 나서 그 사람은 다시 말을 이었다.
"자! 여러분, 여기서 제가 몇 개나 팔 수 있을까~요?"
"여러분도 궁금하시죠? 저도 궁금합니다."
"잠시 후에 알려드리겠습니다."
과연 칫솔이 몇 개나 팔리는지 나도 궁금했다. 결국 칫솔은 4개가 팔렸고, 외판원은 또 다시 말을 했는데
"자! 여러분, 칫솔 4개 팔았습니다. 얼마 벌었을까~요?"
"4개 팔아 4천원 벌었습니다."
"제가 실망했을까~요? 안했을까~요?"
"예. 쉴~망했습니다."
"그렇다구 제가 여기서 포기할까~요?"
"아닙니다. 다음 칸 갑니다."
하면서 그 사람은 가방을 들고 유유히 다음 칸으로 갔다.
전동차 안에 있던 사람들은 참았던 웃음을 터뜨리느라 거의 뒤집어졌고 그 남자는 또 다른 희망을 안고 다음 칸으로 갔다.

멘트 : 희망….
「바로 그 희망을 잃지 말아야겠습니다. 우리에겐 다음 칸이 있으니까요.」

처음 보네요

50대 신사가 길을 걷다가 너무 소변이 마려웠는데 가까이 화장실은 눈에 안 띄고 해서 도리 없이 골목길에 들어가 남의 집 담벼락에 대고 실례를 했다. 마음 졸이며 일을 끝내고 지퍼를 올리다 보니 담장 위에서 40대쯤 되어 보이는 아주머니가 내려다보고 있지 않은가.

민망한 나머지 한다는 소리가
"아주머니, 이런 거 처음 보시죠?" 했더니 다음과 같은 대답이 돌아왔다.
"네, 처음 보네요. 그렇게 쬐그만 것은…."

합이 5개

불알이 세 개인 사람이 있었다.
그 사람은 자기 불알이 세 개인 걸 자랑스럽게 생각했다.
어느 날 그 사람이 택시에 탔는데 기사에게 이렇게 말했다.
"아저씨! 아저씨꺼랑 내꺼랑 합치면 5개다!"
그랬더니 택시 기사가
"그럼 니껀 한 개냐?"

아내를 사랑해준 이유

사이가 별로 좋지 않은 집사 부부.

어느 일요일 저녁 남편 혼자 예배를 다녀오더니 그날 밤 늦도록 아내를 사랑해주었다. 흡족해진 아내가 대견스러운 눈초리로 남편을 보면서

"당신, 오늘 웬일이에요?"

그런데 남편은 묵묵부답이었다.

이튿날 아침, 아내는 어젯밤 일이 생각나서 조그만 과일바구니 하나 사들고 목사님께 인사차 갔다.

"목사님, 고맙습니다. 어제 저녁 설교가 참 좋았던가 봅니다. 혹시 「아내를 네 몸과 같이 사랑하라.」라는 설교였나요?"

"아닌데요. 「원수를 사랑하라.」는 주제의 설교였는데요."

가슴과 물건과의 관계

아빠, 엄마를 따라 수영장에 놀러간 꼬마가 물었다.
"엄마~ 엄마, 왜 어떤 여자는 가슴이 크고 어떤 여자는 가슴이 작아?"
갑작스런 꼬마의 질문에 당황한 엄마가 대충 둘러댔다.
"어… 그게 말이야… 돈 많은 여자는 가슴이 크고 가난한 여자는 작은 거란다."
그런데 조금 있다가 꼬마가 또 물었다.
"엄마~ 엄마, 왜 어떤 남자는 거시기(?)가 크고 어떤 남자는 작아?"
"어… 그게 말이지… 똑똑한 남자는 거시기가 크고 머리 나쁜 남자는 작은거란다."
잠시 후 꼬마가 다시 엄마에게 뛰어오더니 신기하다는 듯 큰 소리로 말했다.
"엄마! 엄마! 저기 아빠가 돈 많은 여자를 보더니 갑자기 머리가 좋아지기 시작했어."

공처가 남편

호랑이 같은 부인 밑에서「도대체 당신이 아는게 뭐있나.」고 허구한 날 구박만 받고 사는 남편이 있었다. 어느 날 부인한테 응급실에서 급한 전화가 왔다. 남편이 교통사고로 중태이니 빨리 오라는 전화였다.

부인이 허겁지겁 병원으로 달려갔으나 때는 이미 늦은 것 같았다. 침대에 누워 있는 남편 몸에는 하얀 천이 씌워져 있었다.

평소 구박만 했던 남편이었지만 막상 남편이 죽었다고 생각하니 그렇게 서러울 수가 없었다.

병상을 붙들고 "나 못살아. 나 못살아." 하면서 서럽게 울고 있는데 남편이 슬그머니 천을 내리면서 다 죽어가는 목소리로 말했다.

"여보, 나 아직 안 죽었어."

부인이 갑자기 울음을 멈추더니 버럭 소리를 질렀다.

"당신이 뭘 알아? 의사가 당신 죽었다는데."

※ 영어로 옮겨져 있음. ■ 16장 영어유머편(20)

누구의 소행일까?

아주 젊은 여자와 결혼한 90세 노인이 어느 날 의사를 찾아와서 아기가 생겼다고 자랑했다. 그러자 의사가 말했다.

"제가 이야기 하나 해드리죠. 건망증이 심한 친구가 사냥을 갔는데 총 대신 우산을 가지고 갔답니다. 갑자기 사자가 나타나서 달려오자 이 친구는 우산으로 사자를 겨누고 쏘았답니다. 그러자 사자는 그 자리에서 쓰러져 죽었답니다."

"거, 말도 안 되는 소리! 누군가가 옆에서 대신 총을 쏘았을테지"

노인이 말했다.

"바로 맞추셨습니다. 영감님." 의사가 무릎을 치며 맞장구를 쳤다.

멘트 : 참 멋진 의사지요.

노부부의 결혼기념 여행

 90대 노부부가 결혼 70주년을 기념하기 위하여 제주도로 여행을 갔다. 첫 날 밤 영감은 아내의 손을 부드럽게 쥐고 잤다. 물론 그 이상은 없었고 그럴만한 기운도 없었다. 둘째 날 밤에도 역시 아내의 손만 잡았고 셋째 날 밤도 마찬가지였다. 나흘째 날 아침에 일어난 아내가 감탄겸 염려스러운 얼굴로 말했다.
 "영감, 참으로 놀라워요! 3일간 연속이라니, 당신 너무 무리한 것 같은데 괜찮겠어요?"

※ 영어로 옮겨져 있음. ■☞ 16장 영어유머편(21)

데이트와 방귀

방귀를 자주 뀌는 여자가 데이트를 하게 되었다. 여자는 말을 하는 도중 방귀가 나올 때마다 손바닥으로 테이블을 가볍게 치면서 방귀 소리를 숨기느라 애를 썼다. 그러다가 어느 순간 한 박자 타이밍을 놓쳤다. 민망해진 여자가

"자기 들었어?" 했더니 남자가

"아까 꺼, 지금 꺼?"

궁지에 몰린 여자가 화제를 돌려 위기에서 벗어나려 하는데 또 방귀가 나오려 하자

"자기 사랑해요!" 하면서 방귀를 날렸더니 남자가

"니 머라캤노? 방귀 소리 때문에 못 들었다 아이가…."

취업난

일자리 구하기가 매우 어려운 현실이다.

물에 빠져 허우적거리던 사람이 지나가는 청년을 보고 살려달라고 소리치면서 자신이 다니는 회사의 부서와 자기 이름을 외쳐댔다. 그 소리를 들은 청년은 사람 구할 생각은 않고 물에 빠진 사람이 다닌다는 회사로 달려가서 그 사람 후임으로 취직을 부탁했다. 그러자 그 회사의 인사 팀장이 애석하다는 표정으로 대답했다.

"안됐습니다. 조금 전 그 사람을 밀어 물에 빠뜨렸다는 사람이 취직되었습니다."

자리를 옮길까?

젊은 남녀가 데이트를 하던 도중 군부대의 사격 훈련장 옆을 지나게 되었다. 둘이서 한창 재미있게 이야기를 나누며 걷고 있었는데 갑자기 "탕탕탕"하는 총소리가 들렸다.

그 소리에 깜짝 놀란 여자가 자기도 모르게 남자 품에 안겼다. 그러자 남자는 기다렸다는 듯이 말했다.

"우리 대포 쏘는 데로 자리를 옮길까?"

예절교육

맹구가 병태네 집으로 전화했다.
맹구 : "병태 좀 바꿔줘요."
병태아버지 : "이 녀석아, 너는 예절도 모르냐? 전화할 때는 「저는 병태 친구 아무개인데요. 병태 있으면 좀 바꿔주세요」해야지, 대뜸 「병태 좀 바꿔줘요.」가 뭐냐? 다시 전화 해 봐라."
할 수 없이 맹구가 다시 걸었다.
"여보세요, 병태네 집이지요? 저는 병태 친구 맹구인데 병태 있으면 좀 바꿔주세요."
병태 아버지가 흡족한 듯 다 듣고 나서 한마디 했다.
"병태 지금 집에 없다."

인터넷 시대의 마담뚜

어느 청년이 배우자 중매 사이트에 들어가 자기가 원하는 배우자형을 다음과 같이 입력시켰다.
「키가 165cm이상은 되어야 함. 각선미가 있고 동시에 미인이어야 함. 재산이 많을수록 더 좋음.」
잠시 후 모니터에 해당란에 대답하라는 질문이 나왔다.
「당신은 키가 큰가? 체격이 우람한가? 또한 미남인가? 재산은 많은가?」
청년은 한순간 머뭇거리다가 사실대로「아니오」라고 답했다.
컴퓨터는 즉시 다음과 같은 답을 제시했다.
「미쳤구만!」

얼떨결에….

어느 친구가 아내와 장모를 모시고 저녁식사를 했다. 술 한잔 가볍게 걸치고 자동차를 몰고 가다가 교통 경찰관에게 걸렸다.
"과속입니다."라고 하자,
이 친구, 자기도 모르게
"미안합니다, 술 한잔 했더니 정신이 없었습니다."라고 했다.
경찰관이
"음주 운전을 추가하겠습니다."라고 말하자
옆에 있던 아내가 얼떨결에
"이 양반, 무면허라 맨 정신에는 겁나서 운전을 못해요. 그러니 좀 봐 주세요." 하소연하듯 말했다. 그러자 경찰관이
"과속에, 음주운전에, 무면허 운전을 추가합니다."
뒤에 앉아 있던 장모가 놀란 듯이 한마디 했다.
"거보게, 남의 차를 훔쳐 타더니 오래 못 가지 않나."

※ 영어로 옮겨져 있음. 16장 영어유머편(22)

선글라스(Sunglasses)와 야광시계

70년대 중반. 어느 친구가 건설회사 기능공으로 중동에서 3년간 근무를 마치고 귀국했다. 김포공항에 내리니 물론 아내가 마중을 나왔다. 아내는 1년 전에 중동에서 보내준 선글라스를 쓰고 나왔는데 영 어울리지 않았다. 아내와 나오면서 선글라스 쓴 모습이 촌스러워 신경이 쓰이자 나지막하게 한마디 했다.

"여보, 좀 벗어."

아내는 남편이 「3년 만에 귀국하더니 어지간히 급한 모양이구나.」라고 생각 하면서

"아이, 이따 집에 가서요."라고 했다.

집에 도착한 남편은 아내보고 이부자리 펴라, 창문 닫아라, 전깃불 다 끄라고 채근하더니 아내보고 이불 속으로 들어오라고 했나.

아내가 잔뜩 기대를 하고 이불 속으로 들어갔는데 남편은 느닷없이 왼쪽 소매를 걷으며 한다는 소리가

"여보, 나 야광시계 샀다!"

멘트 : 야광시계야 깜깜할수록 더 빛을 발하는 법이지요.

"메롱"

강남의 어느 유명한 치과 병원에 다니던 신사가 있었다. 어느 날 오랜만에 갔더니 먼저 창가로 가서 밖을 향하여 서도록 한 다음 건너편을 보고 10번씩 혀를 낼름거리게('메롱') 한 후에 진찰을 시작하는 것이었다. 조금 지켜보니 들어오는 사람 모두에게 똑같은 일을 계속 시키고 있었다. 신사는 치료가 끝난 후 의사에게 물었다.

"창밖을 보고 '메롱'을 시키는 것이 치과 진료나 치료와 무슨 관계라도 있는 것 입니까?"
"아닙니다. 전혀 관계가 없죠."
"그럼 왜?…."
의사가 웃으며 대답했다.
"그 동안 환자가 꽤 많았었는데 병원이 잘 된다는 소문을 들었는지 한 달 전에 어느 녀석이 건너편에 치과를 새로 열었어요. 그리고 나선 환자가 많이 줄었거든요. 그래 약은 오르고 제가 하루 종일 '메롱'을 할 수는 없으니 오시는 환자분께 대신 약을 올려 달라고 부탁을 드리는 겁니다."

멘트 : '메롱' 하면서 혀를 낼름거리는 동작을 실감나게 하도록 합니다.

15장

다른 나라의 유머

어느 나라, 어느 사회나 유머는 존재하기 마련이다. 그러나 나라마다 역사, 문화, 생활양식, 민족성 등이 서로 다르기 때문에 외국의 유머 중 우리에게는 공감을 느낄 수 없는 것들이 적지 않다. 여기에 소개되는 소재들은 대체로 어느 나리 사람한테 전달해도 웃긴다는 반응을 보여줄 수 있는 것들로 모아 보았다.

[중국]
배신
망각
천재와 수재의 차이

[미국]
거짓말도 이쯤되면
TEXAS VS ALASKA
세계화시대
최고의 부자가 되는 비결
자리를 바꿉시다
유산의 위력

[영국]
말때문에 고생
경제원칙
3등 인생
깍쟁이도 이쯤되면

[프랑스]
정신병자
쎄느강 수영대회

[기타]
유산의 분배
논제
천만다행
비밀경찰

[중국]

배신

미국 샌프란시스코 차이나타운의 화교 한 사람이 그 지방 재판소에 와서 이혼을 하겠다고 신청했다. 판사가 그 이유를 밝히라고 하니까 이 중국인은 자못 분개한 어조로 한숨에 말을 쏟아냈다.

"우리 살림살이가 밀 심어해서 밀 나와 했써. 시금치 심어해서 시금치 나와 했써. 또 보리 심어해서 보리 나와 했써. 나 중국 살람이 심어 했써. 그런데 백인 나와 했써. 나, 못 참아! 울리 살람이 이혼 해야겠써."

망각

적군이 마을을 뻥 돌아 포위한 가운데 식량이 차츰 떨어지기 시작하였다.
끝내 집집마다 아끼고 아끼던 곡식이 바닥이 날 때쯤 해서는 자기집에서 기르던 개를 잡았다. 오랜만에 포식을 한 후에 한 아낙네가 식탁에 그득히 쌓인 개 뼈다귀를 바라보며 혼자 중얼거렸다.
"아이구. 우리 개가 살아있으면 이 뼈를 맛있게 먹을텐데…."

천재와 수재의 차이

수재(秀才)가 먼저 말했다.

"나는 지금 온 세계가 다 들어갈 만큼 커다란 통(桶)을 보고 있다네."

그러자 천재(天才)가 말을 받았다.

"과연 굉장히 큰 통이군. 그런데 말이야 나는 뒷산에서 무지무지하게 큰 대나무를 보고 왔어. 그 대나무는 죽순이 올라오더니 갑자기 구름을 뚫고 올라가서 하늘까지 닿았다 싶더니 다시 휘어져 내려와 땅을 치고는 또 한번 구름 위로 올라가 버렸다 이 말씀이야."

수재가 핀잔을 주었다.

"정말 터무니없는 거짓말을 하는군. 설마 그렇게 큰 대나무가 있을라고."

그러자 천재가 다시 말했다.

"거짓말이라니, 그런 큰 대나무가 없다면 자네가 보았다는 그런 큰 통의 테를 어떻게 만들 수 있겠어… 안 그런가?"

멘트 : 과장도 이쯤 되면 과연 대륙인의 기질답다.

[미국]

거짓말도 이쯤 되면

미국 청년 둘이 서로 자기 자동차가 빠르다고 자랑하고 있었다.

A : "내 차는 말야, 이만저만 빠른 게 아냐. 고속도로 상에 있는 도로 표지가 마치 벽처럼 이어져 보이거든."

B : "겨우 그 정도야? 나의 새 자가용은 말야, 자동차 경주장을 한바퀴 도는 동안 자기차의 뺵넘버를 볼 수 있을 정도이니 얼마나 빠른지 짐작이 가지?"

TEXAS VS ALASKA

　미국에서 면적이 넓은 알라스카주와 텍사스주에서 온 남자 두 사람이 어느 날 워싱턴 D.C에서 같이 술 한잔 걸친 후 포토맥 강 다리위를 걷다가 소변을 보게 되었다.
　두 사람은 술좌석에서도 각기 자기 고향인 주(State)가 더 크다고 논쟁을 했던 뒤끝이라 소변을 보면서도 경쟁심이 발동했다.
　텍사스인 : "야, 포토맥 강물이 꽤 시원하군."(자기 물건이 강물에 닿을 정도로 크다는 것을 과시)
　그러자 옆에서 소변보던
　알라스카인 : "응. 시원하네. 그런데 포토맥 강의 깊이도 어지간하구먼, 이제야 강 바닥이 감지되는걸 보면…"(자기 물건은 강 바닥에 닿았다는 뜻)

세계화시대

고양이에게 쫓겨 겨우 쥐구멍으로 몸을 피한 쥐가 고양이가 무서워 나오지 못하고 있었다. 쥐를 잡아먹으려는 고양이가 한참 생각하다가 "야옹야옹" 대신 "멍멍"하고 개 짖는 소리를 했더니 안심한 쥐가 밖으로 나오자 고양이가 얼른 낚아챘다. 쥐가 화가 나서 고양이에게
"야! 이 사기꾼놈아, 왜 개 짖는 소리를 냈느냐."고 하자
고양이가 답했다
"글쎄, 이 세계화 시대에 너도 외국어 하나쯤은 알고 있어야 되는 것 아니냐? 시원찮은 녀석!"

※ 영어 원문 있음.　■ 16장 영어유머편(24)

최고의 부자가 되는 비결

미국 명문대학의 MBA과정.

교수 한 분이 「억만장자가 되는 비결」에 관한 리포트를 내도록 했다. 기발한 비결을 써낸 리포트 중 단연 눈길을 끈 리포트의 요지는 다음과 같았다.

「전 세계의 여자를 커다란 섬으로 옮기고 남자들은 남자들대로 전부 50마일 정도 떨어진 또 다른 섬에 수용한 후 보트를 빌려주는 회사를 차려 운영한다.」

자리를 바꿉시다

브라운이 어느 날 영화관에 갔는데 옆에 앉은 아가씨가 무척 매력적으로 보였다. 그래서 슬그머니 손을 잡아보았다. 그런데 아가씨는 손을 빼기는커녕 오히려 더 꼭 잡는 것이 아닌가. 용기를 얻은 브라운은 이번엔 허리를 더듬어 보았다. 그랬더니 아가씨가 귀에 대고 나직이 속삭였다.

"저기요, 나하고 자리를 바꾸시죠."

찔끔한 브라운이 꽁무니를 빼려고 했더니 아가씨가 계속 속삭였다.

"스커트의 지퍼가 왼쪽에 있어서 그래요."

유산의 위력

미국의 대부호가 어느 날 이미 결혼하여 독립하고 있는 아들 넷을 집으로 불렀다.

아들들이 모두 모여 앉자 대부호 아버지는 천천히 입을 열었다.

"나는 언제 죽을지 모르는 몸이다. 그런데 항상 유감으로 생각하는 것은 아직도 손자가 하나도 없다는 점이야. 나는 내일 유서를 작성하려고 하는데 첫 손자를 내게 안겨준 부부에게 백만 달러를 주려고 한다. 자, 그럼 기도를 올리고 식사를 들기로 하자."

말을 마친 아버지는 머리를 숙이고 짧은 식사기도를 올렸다. 그리고 만족스러운 마음으로 아들들을 바라보려고 머리를 들었다. 헌네, 이미 그 자리에는 한 녀석도 남아있지 않았다.

[영국]

말 때문에 고생

영국의 기업가가 사업 상담차 파리에 다녀왔는데 마중 나온 여비서가 다소 염려되었다는 어조로 물었다.
"사장님, 파리에 가셨을 때 프랑스 말 때문에 고생하시지 않으셨나요?"
"고생을 했냐구? 천만에!"
사장은 호기 있게 큰 소리로 대답했다.
"하긴, 프랑스 사람들이 고생 좀 하는 것 같드라만…"

경제원칙

어느 스코틀랜드인이 자기 아내가 부정한 행위를 하고 있는 현장을 목격하였다. 그는 격분한 나머지 권총을 뽑아들며 소리쳤다.
"에잇, 더러운 것들! 너희들은 살려둘 가치가 없다. 그렇게 나란히 누워 있지 말고 포개어 누어라! 한 방에 쏘아 죽일 테니까!"

멘트 : 두 방을 쏘기는 너무 아까워서…

3등 인생

스코틀랜드에는 곳곳에 산재해 있는 성곽들을 둘러보는 관광이 제일 인기가 있었다. 어느 미국 관광객 역시 마차를 타고 고성 관광길에 나서기로 했는데 마차 요금이 아주 기묘했다.

1등이 3쉴링, 2등 2쉴링, 3등 1쉴링이었다.

미국인이 안내인에게 물었다.

"아니, 한대의 조그만 마차에 왜 등급이 매겨져 있는 거요?"

"타보면 알테니까 형편 좋으신대로 하시구려"

언제나 합리적이고 실용적인 생활에 젖어온 미국인이 당연히 3등 요금을 내고 마차에 올라탔다.

한참을 달려가다 마차가 성곽 근처 고갯길에 다다르자 안내인이 관광객들에게 소리쳤다.

"1등 손님은 그냥 앉아계시고, 2등 손님은 내려서 걸어가시고, 3등 손님은 마차를 밀어주십시오!"

깍쟁이도 이쯤되면

60대 중반의 스코틀랜드 신사가 아내와 함께 런던에 여행을 갔다. 식사 시간이 되어 그들은 어떤 레스토랑에 들어가서 샌드위치를 1인분 주문했다.

"그리고 빈 접시 두 개." 하고 신사가 말했다.

조금 후 웨이터가 이들의 곁을 지나가다 보니 사이좋게 반씩 나눈 샌드위치를 남편은 맛있게 먹는데 아내는 자기 접시에는 손도 대지 않고 따분한 듯이 남편이 먹는 것을 보고 있었다. 웨이터가 물었다.

"부인께서는 혹시 샌드위치가 구미에 안 맞으십니까?"

"아녜요. 주인 양반의 틀니를 기다리고 있는걸요."

[프랑스]

정신병자

어떤 정신병원에서 한 환자가 차분히 앉아 장황한 편지를 쓰고 있었다. 그것을 본 다른 친구가 걸음을 멈추고 말을 걸었다.
"자네, 누구한테 편지를 쓰고 있나?"
"음, 요즘은 아무데서도 편지가 오질 않아서 내가 나한테 편지를 쓰고 있는 거야."
"그래, 그럼 어떤 말을 썼지?"
"그건 몰라. 난 아직 그 편지를 받지 않았으니까."

쎄느강 수영대회

프랑스 파리에 있는 쎄느강에서 매번 수영대회가 열리는데 정말 수영 잘하는 젊은 남자 선수 하나가 언제나 우승을 독차지 하다시피 했다.

이 친구 최근 5년간 연속 우승을 하더니 작년 여름에는 거의 꼴찌를 면할 정도의 후미 그룹에 섞여 기진맥진 결승점에 들어왔다. 예상이 빗나간 성적에 수십 명의 기자들이 몰려들어 인터뷰가 시작되었다.

기 자 : "아니, 그 뛰어난 실력은 어디다 두고 이번 대회는 꼴찌 그룹에 끼게 되었습니까?"

수영선수 : "글쎄, 오늘따라 출발 선상에서 준비하고 있는데 바로 옆에 몸매가 기가 막히게 빠진 여자 수영선수가 얄궂은 비키니 수영복을 입고 설쳐대는걸 보다보니 내 신체에 변화가 생겼지요. 나는 쎄느강 바닥이 그렇게 얕은지 이번에 처음 알았어요. 당최 바닥에 걸리적 거려서 속도가 안 납디다."

무슨 뜻인지 곧 알아들은 기자들이 잽싸게 질문했다.

기 자 : "그럼 자유형 대신 배영(背泳)을 했으면 괜찮았을거 아니요."

수영선수 : "왜 아닙니까. 하도 바닥에 걸려서 중간 지점쯤부터 배영으로 바꾸었지요. 그런데 쎄느강변에 웬 놈의 다리가(Bridge) 그렇게 많은지 원… 이번에는 또 다리마다 걸렸지 뭡니까."

※ 영어로 옮겨져 있음. ■ 16장 영어유머편(23)

[기타]

유산의 분배

 나이든 농부가 세상을 떠나기 전에 자신의 전재산인 17마리의 암소를 세 아들에게 물려주는 유언장을 남겨 놓았는데「재산의 1/2은 큰 아들에게 1/3은 둘째 아들에게 1/9은 셋째 아들에게 나누어 주라.」는 것이었다.
 아버지가 돌아가신 후 아들 3형제는 유언대로 분배를 할 수 없게 되자 변호사에게 갔다. 변호사 역시 해결을 못해서 회계사한테 가보라고 했다. 회계사는 17마리의 암소를 다 팔아서 현금을 만들어 이를 나누어 가지라고 했다. 그러나 아들들은 아버지의 뜻이 아니라고 생각되어 엔지니어한테 가서 상의를 했는데 결국은 엔지니어가 이 어려운 문제를 해결해 주었다. 어떻게?
 엔지니어는 암소 한 마리를 빌려와 도합 18마리를 만든 후 1/2인 9마리는 큰 아들에게 1/3인 6마리는 둘째에게 1/9인 두 마리는 막내아들에게 분배하고 남은 1마리는 도로 가져갔다. 물론 당사자 모두가 만족했다.

※ 영어 원문 있음.　16장 영어유머편(25)

논제(論題)

　　남아프리카 공화국에 여러 나라 유학생이 모여 있는 대학이 있었다.
　　생물학의 학기말 과제로 〈코끼리〉라는 논제가 나왔다.
　　영국학생 : 긴 설명을 피하고 단지 사진 하나를 틀에 넣어 제출했다. 표지는 〈내가 잡은 코끼리〉
　　프랑스학생 : 달콤한 단편소설을 써 냈는데 그 제목은 〈코끼리의 첫사랑〉
　　독일학생 : 일년 가까이 걸려 세권으로 제본된 대작을 완성하여 제출했는데 제목은 〈코끼리에 관한 연구… 그 성질, 진화과정 및 장래에 대하여〉 그리고 페이지마다 세밀한 통계와 도표, 해설을 붙여 놓았다.
　　미국학생 : 글을 쓰더니 곧 고국의 주간지에 그 원고를 팔아버렸다. 그 제목은 〈상아와 상피로 현대적인 가구를 만드는 방법〉이었다.
　　영국 학생은 실질적, 프랑스 학생은 낭만적, 독일 학생은 연구와 창조적 그리고 미국 학생은 자본주의적 색채를 표출시켰던 것이다.

천만다행

침대에서 내려온 두 사람은 아직도 벌거벗은 채로 소파에 앉았다.
"아이 더워라."
"무척 덥군! 이럴 때 따끈한 홍차라도 마시면 오히려 거뜬할텐데…"
"그럼 내가 끓여오죠."
여자는 벗은 채로 홍차를 끓여왔다.
그러나 조금 전 일로 허리에 힘이 빠져 순간적으로 삐끗하는 바람에 뜨거운 홍차를 사나이의 가운데에 엎지르고 말았다.
「으악!」 벌거벗고 있었으니 두말할 필요도 없이 거시기를 홀랑 데이고 말았다. 여자는 천연덕스럽게 말했다.
"그래도 덴게 당신이라 다행이네요. 만일 나였다면 붕대도 감을 수 없고 참 큰일날 뻔 했죠?"

비밀경찰

구 소련에서 있었던 일.

수상이 출타할 때마다 경호원이 따라 붙는 것은 당연한 일이었다. 물론 경호원은 그때그때 비(秘)표시가 바뀌는 시스템으로 되어 있었다. 어느 날, 수상이 외출하게 되었고 그날의 비표는 카이젤 수염을 하는 것이었다. 카이젤 수염을 한 경호원들이 차 옆에 붙어 뛰면서 따라가고 있었는데 갑자기 수염이 없는 두 사내가 자동차 양옆으로 뛰어오고 있었다. 경호원들이 붙잡아「넌 뭐냐?」다그쳤더니 이들은 "우린 경찰이다."라고 하지 않는가.

"수염도 없는 놈들이 무슨 경찰이냐?"고 따졌더니 두 사내는 갑자기 바지를 내리면서 "우린 비밀경찰이다. 그래서 비표도 안 보이게 하고 있는 거야."

두 사람은 아랫도리의 털을 마치 카이젤 수염처럼 양옆으로 갈라서 붙이고 있었다.

멘트 : 과연 소련의 "비밀경찰"답지 않은가!

16장

영어유머

　외국인과 만나는 자리, 특히 사업상 자리 같은데서 유머 한두마디 곁드리는 것은 여러가지 의미와 효과를 갖는다. 즉 상대에게 좋은 인상을 갖게 만들고 자리의 분위기도 크게 띄워주는 등… 많은 활용 있었으면 하는 바람이다.
　여기에 수록된 영어유머 중 (1)부터 (23)까지는 앞에 소개된 유머 가운데 외국인들도 공감할 수 있는 것들을 영어로 옮긴 것이다.
　유머의 주된 내용에 초점을 맞추어 옮긴 것이기 때문에 단어 하나하나와 꼭 일치되지는 않는다는 점에 이해를 바란다. 또한 유머의 내용으로 보아 본래 소재 자체가 외국, 즉 처음부터 외국어로 된 유머일 것으로 추정되는 것도 몇 개 있으나 만일 그렇다면 이는 필자의 노력이 부족했기 때문임을 해량하시기 바란다.
　아울러 (24), (25), (26)는 원전이 영어임을 밝혀둔다.

(1) Value Judgments
(2) Nationalism in Archaeology
(3) Water Hazard
(4) A Near Hole-in-One.
(5) Insurance Math
(6) A Forgetful Taxi Ride
(7) Double Booked
(8) The Worrisome Iron
(9) Monkey Patriotism
(10) Monkey Witness
(11) Lion's Prayer
(12) A 'Konglish' Joke
(13) Discount Fare
(14) Nightly Shave
(15) A Precocious Baby
(16) Unwanted Husbands
(17) Brainy Meats
(18) Silent Wake-up Call
(19) The VIP Chauffeur
(20) Know-Nothing Husband
(21) Loving Hands
(22) Unintended Confessions
(23) Swimmer's Drag
(24) Globalization and a Rat
(25) An Engineering Solution
(26) Two 'Politically Incorrect' Ethnic Wisecracks

(1) Value Judgments

Before making a purchase, a typical American shopper might ask: "Is this the latest model?"

A German might ask: "Is this sturdy and long-lasting?"

A Frenchman might say, "Is this the latest fashion?"

A Japanese might ask, "Is this the best quality?"

For a Korean shopper the question is always "Is this real or counterfeit?

※ 우리말 유머 ■☞ 43쪽

(2) Nationalism in Archaeology

A group of American archaeologists were digging at a site. They found a piece of copper buried at 50 meters and promptly announced that Americans had installed an underground network of telephone lines across the continent ten thousand years ago.

Meanwhile a group of Russian archaeologists dug 100 meters deep and retrieved a piece of glass. The Russians then announced that they had been using an underground fiberglass telecommunications cable network for twenty thousand years. Not to be outdone, a group of Korean archaeologists dug as far down as 300 meters, but couldn't find anything. They promptly announced that their ancestors used cell phones some 50 thousand years ago.

※ 우리말 유머 ■☞ 52쪽

(3) Water Hazard

Two friends were golfing one day, one a single-handicapper and the other a double-bogey player. The golf cart they were driving somehow got into a pond. The single player was unfortunately drowned to death, while the double-bogey player got out alive. How?

HEAD UP. His friend was keeping his head down.

※ 우리말 유머 ■☞ 55쪽

(4) A Near Hole-in-One

A golfer, on a par-3 hole, shanked the ball. It first hit a tree branch, next a rock, and then, somehow, landed on the green, and rolled toward the hole. But it stopped just inches short. The golfer then sighed: "Gee, I should have hit it JUST A LITTLE BIT HARDER!"

※ 우리말 유머 ■☞ 58쪽

(5) Insurance Math

A life insurance company was conducting a field training session for new recruits who had passed their written examination. The task assigned to each of the trainees was to find clients and have them sign contracts. Most of the trainees were able to find at least two clients each. The person who scored the highest on the written exam only brought in one client, a 105-year old man.

The supervisor complained,

"What are we going to do with this old man! How much longer will he live, paying his premium?"

The trainee calmly explained:

"According to statistics, there is only 0.002-percent chance that a person will die at 105."

※ 우리말 유머 ■☞ 107쪽

(6) A Forgetful Taxi Ride

A gentleman, with slight symptoms of Alzheimer's, was taking a taxi ride one day. But, in the middle of the ride, he forgot his destination. So, he asked the driver:

"Where did I say I wanted to go?"

The driver, however, having a more serious case of the same problem, answered:

"When the hell did you get on?"

※ 우리말 유머 ■☞ 131쪽

(7) Double-Booked

Two golf buddies had lunch together one day. During lunch, the first friend proposed a round of golf on the following Saturday. The second friend who had early Alzheimer's, accepted and promptly jotted the date and time down in his daytimer, murmuring: "I must write this down before I forget."

After lunch, when saying their goodbyes, the first friend reminded the second friend about their golf date.

The second friend pulled out his daytimer and exclaimed, "Oh, no, I already have plans that day!"

※ 우리말 유머 ■☞ 132쪽

(8) The Worrisome Iron

An old married couple, whenever they left their house, would worry that they left their electric iron turned on. They were going to Japan to visit their children and when the plane was about to take off, the wife suddenly remembered the electric iron at home.

"Did we turn off the iron when we left home?" She wondered. The husband was certain they did.

"Don' t worry, honey, I unplugged it," said he in a most reassuring voice. He then pulled the iron out of his carry-on bag.

※ 우리말 유머 ■☞ 134쪽

(9) Monkey Patriotism

A street vendor had the gimmick of gathering passers-by by showing a monkey that dances to music. One day, he needed to attract younger crowd, so he selected the youthful tune, "Hello, Mr. Monkey." But, for some reason, his monkey wouldn' t move or dance at all. Not only that but it seemed to stand at attention. Frustrated, the man asked the monkey:

"What' s the matter? Don' t you like this song?"

The monkey replied:

"Do you dance to your national anthem?"

※ 우리말 유머 ■☞ 169쪽

(10) Monkey Witness

An airplane crashed into the Pacific Ocean just an hour after taking off from Los Angeles International Airport. A thorough rescue operation and investigation revealed no clues or evidence exept for a monkey sitting alone on a crushed plane wing. The authorities decided to train the monkey to communicate so they could figure out what happened. After 6 months of intensive training, investigators were able to communicate with the monkey.

"Where were you when the plane was in trouble?" asked the investigator.

"At the cockpit." replied the monkey.

"What was the captain doing?"

"Dealing the cards."

"What was the co-pilot doing?"

"Looking at his cards."

"What were you doing?"

"Eating a sandwich with my right hand, and steering the plane with my left."

※ 우리말 유머 ■☞ 170쪽

(11) Lion's Prayer

A tourist got lost alone in the middle of a group Safari. He somehow found himself facing a large lion ready to attack. He ran as fast as he could but the lion was faster and easily caught up with him. The lion was at the man's back and the man began to pray.

"Please God, make that lion a faithful believer of Yours."

Miraculously, the lion's pace slowed and the lion stopped, knelt down, and started to pray,

"Thank you God, for your giving me my daily bread...."

※ 우리말 유머 ■답 177쪽

(12) A 'Konglish' Joke

A speeding car was pulled over by a traffic patrol near Korea Town in Los Angeles. The driver, a visitor from Korea, jumped out of the car and pleaded,

"Please look at me once."

The cop, who appeared to be a Korean American, shot back,

"Not even soup!"

※ 우리말 유머 ■답 184쪽

(13) Discount Fare

An old lady took a taxi ride. At her destination, the meter showed $10, but the lady paid only $5. The driver complained, "Ma'am. it's only five; the fare was ten."

Her reply was, "Didn't you get a ride, too?"

※ 우리말 유머 ☞ 228쪽 4)

(14) Nightly Shave

After fishing his shave one morning, the husband remarked to his wife:

"A clean shave like this always makes me feel 10 years younger. Don't you agree?"

This wife replied,

"Yes, I do… but I just wish that you would shave right before bed-time!"

※ 우리말 유머 ☞ 236쪽

(15) A Precocious Baby

A young couple was trying to put their infant boy to sleep between them.

The husband, always restless for an action around this time, asked the wife suggestively:

"Honey, is he sleeping?"

"No," waved the wife.

Waiting 15 minutes, he asked again,

"Has he gone to sleep now?"

"Not yet," she waved.

This time, waiting 30 minutes, he asked

"How about now?"

But now, the wife fell to sleep and the boy was awake

instead. And "No," waved the boy.

※ 우리말 유머 ■을 242쪽

(16) Unwanted Husbands

A house wife, long fed up with her do-nothing husband whose only distinction was habitual gambling and drinking, finally decided to throw him out and find a new one.

"Husband wanted!" so went her internet ad line. The response was instant and overwhelming: Within a matter of hours, a few hundred calls poured in -- but all from wives. And their uniform message was:

"Please take mine!"

※ 우리말 유머 ■을 248쪽

(17) Brainy Meats

Fusion foods are in vogue these days. Equally notable is the diversity of experimental culinary ingredients available. A specialty store in downtown was famous for the variety of human brain-meats it stocked, all sorted out by age, profession, etc. A customer walked in one day, and asked,

"How much is this one, the doctor' s?"

"Thirty dollars per kilo, ma' am," came the answer.

"How about that one, the professor' s?"

"Fifty dollars."

The customer then, seemingly not satisfied yet, looked around further, and presently pointing to the one nicely packaged in a golden wrap, asked the price.

"Well," warned the shopkeeper, "That one is rather pricey, ma' am, one-hundred dollars per kilo."

"What? Why is that so expensive?"

"Because it' s politician' s. It' s scarcely been used, almost brand-new."

※ 우리말 유머 ■🛒 254쪽

(18) Silent Wake-up Call

A middle-aged couple, after a round of acrimonious quarrel, vowed that from then on there would be no more talk between them -- or at least, neither would be the one to begin talking again. But the husband found he needed help for an early morning wake up the next day, so he wrote a memo asking the wife to wake him up at seven next morning, and went to sleep. When he woke up the next morning, however, it was already eight. Hurriedly jumping out of the bed, he noticed wife' s neatly written note lying on the bed-side table, which said,

"Wake up now, it' s seven o' clock."

※ 우리말 유머 ■🛒 266쪽

(19) The VIP Chauffeur

Pope John Paul Ⅱ was visiting Washington D.C. During an unofficial city tour, the Pope felt tempted to drive the limousine himself and so asked the driver. "Certainly, Father," allowed the driver, politely handing the key over to the Pope. But, the Pope's driving was extremely erratic: speeding, sudden stops, zigzagging, curve-climbing, and so on. In the end, the car was stopped by a traffic cop, who, upon noticing who the driver was, called his superior at the station to consult. "What should I do about this crazy car?" asked the cop. "Impound it? The problem is, the passenger seems to be a real high VIP."

"A Senator?" asked the supervisor.

"No, higher than that."

"The President himself?"

"Well, whoever he is, the person seems to be so high up that the Pope is chauffeuring for him!"

※ 우리말 유머 ■☞ 271쪽

(20) Know-Nothing Husband

A domineering wife, whenever she needed to make a point to her husband, would always say, "What the hell do you know!?" One day, the hospital called, telling the wife her husband had been in an accident. The wife rushed to the hospital, and found her husband lying on a stretcher covered by a white sheet. Seeing him like that, she began to cry. Then she heard a noise coming from under the sheet. It was her husband's voice, saying,

"Honey, I'm not dead."

Upon recognizing her husband's voice, she immediately exclaimed:

"What the hell do you know? The doctor said you're dead!"

※ 우리말 유머 ■☞ 277쪽

(21) Loving Hands

A loving couple in their 90's took a trip to Miami to celebrate their 70th anniversary. The first night, the husband was just holding the wife's hands gently. Nothing more. The second night, same. And the third night, no change, just holding the wife's hands gently. The next morning, the wife exclaimed in joy:

"Honey, how could you! Three nights in a row? Are you all right? Will you be all right?"

※ 우리말 유머 ■☞ 279쪽

(22) Unintended Confessions

A speeding car got caught by a traffic cop.

"You're speeding." declared the cop.

"I was a little confused because of a little drink," confessed the driver casually.

"Well then, I'll have to write you up a DWI(Driving

While Intoxicated), too." uttered the cop.

The driver's wife sitting in the passenger seat intervened in husband's defense:

"Having no license yet, he couldn't dare to drive without being drunken a bit."

"Really? In that case," the policeman remarked, "I must add yet another item, an NVOL (No Valid Operator's License)."

Finally, upon hearing all of these exchanges from the back seat, the old mother-in-law threw out a final blow.

"See? Didn't I tell you that a stolen car wouldn't take you too far?!"

※ 우리말 유머 ■답 284쪽

(23) Swimmer's Drag

One of the most famous sporting events held in Paris every year is a 20-mile swim race in the Seine. In that race, a local swimmer has dominated, taking first-prize for the past 5 years. This year for some reason he finished last, barely making it to the finish line completely exhausted. How could this have happened? He explained, the whole thing had started from the starting line, when he saw a beautiful woman in a bikini. The image of her body, caused him to become aroused throughout the race.

"Man," recalled the swimmer, "I didn't know that the Seine was so shallow. I couldn't keep my (John) from dragging on the river bottom, and that slowed me down."

"Why didn't you try the back stroke, then?" asked a reporter,

"I did try that, but there were so many bridges on the river that I couldn't swim under them without hurting myself!"

※ 우리말 유머 ■☞ 300쪽

(24) Globalization and a Rat

A rat was afraid that the cat was waiting outside her rat-hole, but she heard a dog's barking. Feeling safe, the rat came out and was caught by the cat.

The rat complained, "How could you, cheater, bark like a dog?"

The cat says, "Well, in this age of globalization, you have to know at least one foreign language."

※ 우리말 번역 ■☞ 293쪽

(25) An Engineering Solution

An old farmer, in his will, had wanted his sole inheritance - 17 cows - divided up for his three sons in this way: one-half to the first, one-third to the second and one-ninth to the third. Unable to divide up the cows that way, the sons went a lawyer to consult. But the lawyer couldn't offer a solution and referred them to an accountant. The accountant suggested selling the cows and dividing up its proceeds. Feeling that is not what their father wished, the sons went to an engineer for advice. The engineer solved their dilemma first by offering to add one more cow, to make the total 18; then giving the first son 9 cows, the second 6, and the third 2. After distribution, one cow was left. Then he took it back. Everybody was happy.

※ 우리말 번역 ■☞ 301쪽

(26) Two 'Politically Incorrect' Ethnic Wisecracks

HEAVEN is where the British is the policeman, the French is the cook, the German is the mechanic, the Italian is the lover, and all this is organized by the Swiss…

HELL is where the British is the cook, the French is the mechanic, the German is the policeman, the Swiss is the lover, and all this is organized by the Italian.

In Great Britatin, under the law, everything is permitted except that which is prohibited; In Germany, under the law, everything is prohibited except that which is permitted: In (the former) Soviet Union, under the law, everything is prohibited including that which is permitted; In Italy, under the law, everything is permitted especially that which is prohibited.

부록

Ⅰ. 넌센스 퀴즈(NON-SENSE QUIZ) 100선

Ⅱ. 유머를 효과적으로 전달하려면

I. 넌센스 퀴즈(NON-SENSE QUIZ) 100선

― 연말연시에 즈음하여 열리는 동창회 등 각종 모임에서 자주 등장하는 넌센스 퀴즈 가운데 유머러스한 것들을 간추려 100선으로 수록합니다.

― 아울러 동창회, 친목회 등 각종 모임에서 사회자 역할을 하시는 분들을 위하여 몇 가지 참고사항을 적습니다.

● 넌센스 퀴즈를 시작하기 전 멘트

「흔히 사람의 능력을 평가하는 지표중의 하나로 1970년대까지는 IQ(지능지수 Intelligent Quotient)를 1980년대는 EQ(감성지수 Emotional Quotient)를 활용하였으나 1990년부터는 JQ가 중요한 평가지표가 되었습니다. 넌센스 퀴즈는 바로 이 JQ가 높아야 잘 풀 수 있는 것이지요. 혹시 JQ가 무엇인지 아는 분 계십니까? JQ는 잔머리지수의 약자입니다.」

● 전번모임에 냈던 퀴즈 문제나 이미 널리 알려진 것을 첫 문제로 제시합니다. 당연히 손드는 사람 여러명이 있을텐데 가장 먼저 손든 사람을 지명, 답을 맞추면 「맞았습니다. 그런데 이건 연습문제였습니다. 이미 널리 알려진 것이죠….」로 김을 빼서 전체의 웃음을 유발한다. 그리고 나서 추가 멘트…

「연습문제이긴 했습니다만, 열심히 노력한 점을 감안해서 간단한 상품을 드리겠습니다.」 잠깐 뜸을 들인 후

「상품은 롯데백화점 에스컬레이터 1년간 무료 이용권을 드립니다.」 또는

「1년간 사용하실 수 있는 지하철 무료이용권을 상품으로 드립니다. 단, 이것은 만65세 된 날부터 사용해야 합니다.」등의 멘트로 재차 웃음을 유발한다.

「자, 지금부터 본격적으로 시작합니다. 맞추신 분한테 상품을 드리는데 만일 문제를 많이 못 풀어 상품이 남는 경우에는 전부 사회자의 몫으로 하겠습니다. 사회자도 먹고 살아야 하니까.」

그리고 나서 정식으로 퀴즈를 진행한다.

● 동일한 상품의 수량이 많은 경우 제한된 퀴즈 문제로 진행에 어려움이 있을 때는 맞춘 사람이 있는 테이블에 동석한 전원에게 같은 상품을 주도록 한다.

● 아무리 상품이 있더라도 넌센스 퀴즈만을 계속 진행하는 것은 지루한감을 줄 수 있으므로 5~6개 문제를 진행한 후 유머 한두 개를 던져 주도록 한다.

● 넌센스 퀴즈이긴 하나 그럴 듯하게 포장하여 문제를 제시할 때 「영역」을 먼저 언급한다. 즉 다음은 「언어탐구영역」입니다. 등으로….

● 답은 〈   〉로 표시하였음.

(속담관련영역)

1. "병든자여, 다 내게로 오라." 이 말은 누가했는가?
   〈엿장수〉(의사보다는 엿장수가 더 유머러스 함)

2. 지렁이는 밟으면 꿈틀한다. 왜?
   〈반만 밟아서〉

3. 사람은 다 때가 있는 법이다. 누가 말했나?
   〈목욕탕 때밀이〉

4. "사공이 많으면 배가 산으로 간다."의 참뜻은?
   〈여럿이 힘을 합하면 해내지 못할 일이 없다〉

5. 개똥도 약에 쓰려면?
   〈식품의약청의 허가를 받아야 한다〉

(수리탐구영역)

6. 호두과자 5개중 4개 먹었다. 몇 개 남았나?
   〈4개 - 먹는게 남는거니까〉

7. 일(1) + 일(1) = 중노동
   이(2) + 이(2) = 덧니
   삼(3) + 삼(3) = 6
   그럼, 덧니 + 덧니는?
   〈드라큐라〉
   응용문제: 그럼 2 - 2 = ?
   〈합죽이〉

8. 매일 1,000원씩 일년을 내면 1억원을 탈 수 있는 계는?
   〈황당무계〉

9. 어떤 남자가 6도짜리 맥주 2병, 25도짜리 소주 2병, 43도 J.W.BLACK 한 병, 45도 고량주 2병을 마셨다. 모두 몇 도인가?
   〈졸도〉

(생활상식분야)

10. 커피에 넣는 설탕 양에 따른 심리분석
    - 블랙커피 : 고독을 아는 사람
    - 설탕 한 스푼 : 인생을 아는 사람
    - 설탕 두 스푼 : 커피의 참맛을 아는 사람
    - 설탕 세 스푼 : 사랑을 아는 사람(달다)

    문제 1) 그럼 네 스푼은?
    〈아무것도 모르면서 설탕만 많이 넣는 사람〉
    2) 다섯 스푼은?
    〈설탕의 참맛을 아는 사람〉
    3) 여섯 스푼은?
    〈커피가 없어서 설탕만 넣는 사람〉

11. 고기 구어 먹을 때마다 따라오는 개는?
    〈이쑤시개〉

12. 남자가 여탕에 들어가면 적용되는 죄목은 「불법무기소지죄」이다. 그러나 그 남자는 훈방됐다. 왜?
    〈물총은 무기가 아니므로〉

13. 세탁소 주인이 가장 좋아하는 차(茶)는?
    〈구기자차〉

14. 만두 장수가 가장 듣기 싫어하는 소리는?
    〈속 터진다〉

15. 신혼 첫날밤 각 나라 여성의 국민성차이
    ― 독일여성 : 자기 자?
    ― 미국 : 자기 피임약 준비했겠지
    ― 프랑스 : 자기, 나 좋았어?
    ― 영국 : 우리 2세를 어느 대학에 보낼까?
    그럼 한국여성은?
    〈자기, 공짜라서 좋지?〉

16. 남자를 고문하는 요령
    ① 의자에 몸을 묶는다.
    ② 몸매 잘 빠진 100명의 여자를 준비한다.
    그럼 세 번째 단계는?
    〈여자들이 옷을 벗기 시작할 때쯤 눈을 가린다〉
    또는
    ① 방에 가둔다.
    ② 야한 비디오와 잡지들을 넣어준다.
    ③ 번째 단계는?
    〈두 손을 묶어 버린다〉

17. 여자를 고문하는 요령
    ① 방에 가둔다.

② 일류디자이너가 만든 옷 100벌을 넣어준다.
　　세번째 단계는?
　　〈거울을 넣어주지 않는다〉

18. 화장실에서 큰 걸 끝냈는데 휴지가 없을 때 해결하는 방법은?
　　답하는 사람이 없으면 힌트로 두 가지쯤 알려 주어 웃음을 유발한 후 나머지를 맞추도록 한다.
　　〈시치미 뚝 떼고 그냥 걸어 나온다〉
　　〈변기 안의 물로 닦고 나와서 손을 씻는다〉
　　그 다음 방법은?
　　〈휴지통에서 쓸만한 것을 골라 사용한다〉

19. 내용은 별것 없는데 등장인물만 많은 것은?
　　〈전화번호부〉

20. 비아그라를 가득 실은 트럭이 한강에 빠졌다. 무슨 일이 일어났을까?
　　〈한강 다리의 교각들이 모두 상판을 뚫고 일어섰다.〉

21. 강아지와 남편의 공통점 4가지 중 1가지 맞추기
　　― 끼니를 챙겨 주어야 한다.
　　― 가끔씩 데리고 놀아주어야 한다.
　　― 복잡한 말은 알아듣지를 못한다.
　　문제 : 네 번째 공통점은?
　　〈초장에 버릇을 잘못들이면 내내 고생한다.〉

22. 남편이 강아지보다 편리한점은?
　　― 돈을 벌어온다.

- 간단한 심부름을 시킬 수 있다.
- 훈련을 안 시켜도 대소변은 가릴 줄 안다.
- 집에 두고 여행을 갈 수 있다.

문제 : 다섯 번째 편리한 점은?

〈같이 외출할 때 출입제한구역이 적다.〉

23. 그럼에도 불구하고 강아지가 남편보다 좋은 까닭은?
    - 신경질이 날 때 발로 뻥 찰 수 있다.
    - 한 집안에 두 마리를 함께 길러도 뒤탈이 없다.
    - 강아지의 부모형제로부터 간섭을 받을 필요가 없다.
    - 외박을 하고 들어와도 꼬리치며 반가워한다.

    문제 : 나머지 하나는?

    〈데리고 살다 싫증이 나서 내다 버릴 때 변호사가 필요없다.〉

24. Hand-Phone 메시지 남길 때 호출은 1번 음성녹음은 2번 자기가 잘났다고 생각하는 사람은 6번을 눌러주세요 하고 나온다. 대부분의 사람들이 6번을 눌러 보는데 이때 나오는 말은?

    〈잘못 누르셨습니다.〉

25. 참기름과 들기름을 섞으면 어떻게 되나?

    〈엄마한테 매 맞는다.〉

26. 아내가 아줌마로 보일 때는? (남편용 문제)
    ① 내 앞에서 서슴없이 옷을 갈아입을 때
    ② 부시시한 머리나 화장하지 않은 얼굴을 보았을 때
    ③ 결혼 전에 입었던 옷이 작아 맞지 않는 것을 보았을 때
    ④ 버스나 지하철의 빈 좌석을 보고 뛰어갈 때

문제 : 마지막 한 가지는?
〈그 빈자리에 앉아서 큰소리로 나를 부를 때〉

27. 애인과 마누라의 차이는?
〈애인을 보면 거시기가 서는데 마누라를 보면 머리칼이 빳빳하게 선다.〉

28. 바람이 심하게 부는 날 독수리와 참새가 서로 반대 방향에서 날라오다 부딪쳤는데 독수리가 떨어졌다. 이를 무슨 현상이라고 하는가 (힌트 : 6글자)
〈극히 드문 현상〉

29. 비아그라 50mg 한알의 1/2만 먹고 잤더니 밤새 고생했다. 왜?
〈서지도 않고 죽지도 않아서〉

30. 엄마들이 가장 자주하는 착각은?
〈자기 아들이 머리는 좋은데 노력을 안 해서 공부를 못하는 줄 안다.〉

31. 자장면과 간자장의 가장 큰 차이는?
〈값, 간자장이 1,000원 더 비싸다.〉

32. 만두를 맛있게 먹는 두 가지 방법은?
〈사먹거나, 만들어 먹어.〉

33. 삼계탕 만드는 순서는…
우선 시장에 가서 갓 잡은 닭 한마리, 인삼 두 뿌리, 대추 5개, 생율 5개, 찹쌀 한 홉을 장만한다. 그 다음은?
〈계산해야지요 — 물건값〉

34. 여자들이 남자보다 밤에 동물원에 자주 가는 이유는?
〈곰자지, 사자자지, 기린자지, 호랑이자지, 개자지〉

35. 여자들은 연령대별로 혀의 용도가 다르다고 함
    10대 : 약올릴 때 ("메롱")
    20대 : 키쓰할 때
    30대 : 수다떨 때
    그럼 40대는 어떤 용도?
    〈곗돈 셀 때〉

36. 형과 동생이 싸우는데 가족들은 모두 동생 편만 든다. 이 상황을 간단히 말하면? (힌트 6글자)
    〈형편없는 세상〉

37. 여자친구가 "나, 배고픈데…" 할 때 가장 죽이는 답변은?
    〈「따라와 앞으로 열달 동안 배부르게 해줄게.」하고는 여관으로 데려간다.〉

38. 오줌싸개 아들을 키우는 엄마의 일상적 불평 멘트는?
    참고 : 남편은 조루중
    〈이놈도 지애비를 닮아 바지를 채 내리기도 전에 싸버리네.〉

39. 신경통 환자가 가장 싫어하는 악기는?
    〈비올라〉

40. 인삼은 6년생(6년근)이 가장 몸에 좋다고 한다. 그럼 산삼은 언제 먹는게 가장 좋을까?
    〈발견하자마자 먹어야 한다.〉 (놔두면 다른 사람이 캐간다.)

41. 더울 때 먹어야 효과가 있는 탕은?
    〈추어탕〉

42. 모유가 분유보다 좋은점은?
    ― 깨질 염려가 없다.
    ― 상할 염려가 없다.
    ― 휴대하기 간편하다.
    ― 데울 필요가 없다.
    ― 흘리거나 쏟을 염려가 없다.
    ― 잃어버릴 염려가 없다.
    ― 언제나 스페어가 하나 더 있다. 등
    이상의 장점보다 더 중요한 것은?
    〈부자(父子) 공용이라는 점이다.〉

43. 신혼부부가 가장 좋아하는 곤충은?
    〈잠자리〉

44. 찐 달걀을 먹을 때는 ( )을(를) 치며 먹어야 한다.
    X ― 소금, 간장, 식초 〈가슴〉

45. 말이 많은 사람은?
    〈목장 주인〉

46. 흔히 여자들의 입이 크면 거시기가 크다고 하는데 그럼 남자들의 코가 크면 무엇이 큰가?
    〈코딱지〉

47. 자동차와 wife의 공통점으로
    - 예열(豫熱)을 가해야 한다.
    - 초심자는 급발진하는 경우가 많다.
    - 전진도 하고 후진도 한다.
    - 남의 것을 더 좋아한다.
    - 그러면서도 자기 것 빌려주는 것은 싫어한다.
    - 술 마시고 꼭 몰겠다는 놈이 있다 등
    마지막으로 가장 중요한 공통점 하나는?
    〈잘못하여 사고치면 평생 후회한다.〉

48. 가짜 휘발유를 만들 때 가장 많이 들어가는 재료는?
    〈진짜 휘발유〉

49. 사오정이 어느 날 "구기자"를 먹고 갑자기 몸이 구겨져서 몸을 쭈그리고 다녔다. 온갖 병원에 다녀봤지만 치료 불가능이라는 사실만 확인하게 되었는데 어느 날 친구가 사준 음식을 먹고 완치가 되어 정상적인 삶을 살 수 있었다.
    문제 : 친구가 사준 음식은 무엇일까?
    〈피자〉

50. 남자와 여자의 특성 차이를 한마디로 요약하면?
    〈여자는 예뻐질 수만 있다면 무슨 짓이라도 하고 남자는 정력이 세 질 수 있다면 별 짓을 다 한다〉

51. 허구한 날 남의 등쳐먹고 사는 사람은?
    〈안마사〉

52. 라면 가운데 절대 먹어서는 안 되는 라면은?
〈했더라면〉

53. 식사를 마치고 나서 가장 먼저 해야 할 일은?
〈'잘 먹었습니다' 라는 인사〉 ※ 양치질이 아님

(과학탐구영역)

54. 2억 2500만년전 부터 6500만년전까지 즉 중생대 1억 6000만년동안 지구에 번성했던 공룡이 갑자기 이 지구상에서 멸종된 이유는?
〈다 죽었기 때문에〉
멘트 : 「문제가 과학적으로 너무 깊이 들어간 것 같은데요.」하면서 약간 너스레를 떤다.

55. 호수 위에 뜬 달은 산위에 뜬 달보다 크게 보인다. 왜?
〈물에 불어서〉

56. 사람 몸에서 돌보다 강한 물질은 무엇인가?
〈머리카락 ― 돌대가리도 뚫고 나오니까〉

57. (   )넣기
개미를 세 등분하면 (   )(   )(   )
〈죽, 는, 다〉
교과서적인 답 : 머리, 가슴, 배

58. 원숭이도 나무에서 떨어진다고 한다. 그 이유는?
〈만유인력 때문〉

59. 배꼽은 왜 생겨났을까?
  〈앞과 뒤를 구별하기 위해서〉

60. 올챙이는 알을 더운 물에 낳는가? 찬물에 낳는가? 또는 맑은 물에 낳는가? 흙탕물에 낳는가?
  〈올챙이는 알을 안 낳는다.〉

61. 어떤 의사가 동물을 바늘로 찔러서 그 반응을 알아보는 실험을 했다. 먼저 개를 바늘로 찌르니 "멍멍" 다음 고양이를 바늘로 찌르니 "야옹" 마지막으로 고슴도치를 찌르니 고슴도치는 어떻게 반응했을까?
  〈엄마야? 또는 엄마가? (경상도)〉

62. 흑인과 백인이 결혼하여 태어난 아기의 이빨 색깔은?
  〈없다, 아직 어려서〉

63. 고속철이 제트비행기보다 빠르다고 하는데 그 이유는?
  〈고개 돌리는 속도가 고속철의 경우 더 빠르다〉
  하늘을 나는 비행기를 쫓는 고개보다 땅 위를 달리는 고속철을 쫓는 고개의 돌리는 속도가 훨씬 빠르다. (제스처로 설명)

(언어탐구영역)

64. 어느 고등학교에서 "KISS"라는 단어의 품사(品詞)에 대하여 체육교사는 동사(動詞), 수학교사는 명사(名詞)라고 논쟁을 하고 있었다. "KISS"의 정확한 품사는?
  〈접속사〉

65. 우리말의 대표적 거짓말로 흔히
  — 서당개 3년에 풍월을 한다.

- 뒤로 자빠져도 코가 깨진다.
- 접시물에 코 박고 죽는다를 꼽는다

그런데 가장 기막히게 그럴듯한 거짓말은?
〈남자는 가을에 많이 결혼하고 여자는 봄에 많이 결혼한다.〉

66. 일본의 수도 국장 : 무라까와 쓰지마

   구두쇠 : 도나까와 쓰지마

   갑부 : 수표로 밑따까

   마음이 약한 여자 형제 : 우야노 우짜노

   최고의 비뇨기과 의사는?
   〈다까세〉

67. 사자성어(四子成語) 관련

   전라남도 : 옷을 홀딱 벗은 남자의 그림

   호로자식 : 러시아를 좋아하는 사람

   황당무계 : 노란 당근이 무게가 더 나간다.

   유비무환 : 비가 오는 날에는 환자가 없다.

   그럼 백문이불여일견(百聞而不如一見 Seeing is Believing)의 뜻은?
   〈백가(白哥)와 문가(文哥)가 합해봐야 개 한 마리만도 못하다〉
   〈주의〉 개만도 못하다가 아니고 개 한 마리만도 (一見)

68. 고전(古典)문제 (진도아리랑)

   아리랑과 스리랑의 엄마는?
   〈아라리〉 "아라리가 낳네"

   아빠는?
   〈아리〉 "아리랑 홍홍—"

335

69. "초보운전" 표시 유형 가운데 명문(名文)은? (詩的으로)
    예) "진짜초보" "왕초보" "개구리 올챙이적 생각을"
    〈초보!! 그 자체〉

70. 「영국의 귀족 한 사람이 아주 훌륭한 명마(名馬)를 키우고 있었는데 어느 날 갑자기 이 명마가 죽어버렸다. 귀족은 죽은 말을 뒤뜰 양지 바른 곳에 묻고 정성스레 장례를 치루었다. 그리고 몇 년 뒤 무덤에서 예쁜 꽃이 피었는데 여름 지나 가을이 되니 꽃이 지고 씨만 남게 되었다.」
    이글에 적절한 주제를 붙인다면?
    〈말이 씨가 된다〉

71. 산토끼의 반대말은? (JQ문제)
    끼토산(40) : 이 답을 맞춘 사람은 JQ가 40이라고 말해준다. 이하같다.
    들토끼(50)
    집토끼(60)
    죽은토끼(80)
    판토끼(100)
    알카리성 토끼(120)

72. 논술문제 (남자의 일생)
    「중고생들의 주된 화제는 농구 시합이고 근로자들이 모이면 흔히 축구 이야기를 주고 받곤한다. 중간관리자들은 테니스 이야기를 나누고 부장·임원급들은 주로 GOLF이야기를 화제로 삼는다. 그리고 나이든 사장들이 어울리면 약해진 "쌍방울"이 화두로 오른다.」
    이상에서 필자가 말하고자 하는 바는?
    〈남자는 나이가 들수록 갖고 노는 공이 작아진다〉

73. 추리문제

한문 과목 시험을 끝내고 아이들이 답을 맞춰보고 있었다. 아이들의 공통된 의견은 제일 마지막 문제가 가장 어려웠다며 투덜거렸다. 마지막 문제는 「우정이 돈독하여 매우 친한 친구사이를 4자성어로 무엇이라고 하는가?」였다.

아이들은 「죽마고우」나 「관포지교」 또는 「막역지우」 등의 답을 적었다고 말했지만 구석자리에 앉은 순자는 아무말도 못하고 앉아 있었다. 그날 저녁 한문선생님이 채점하면서 순자의 답안지를 보다가 큰소리로 웃고 말았다. 답안 내용은 무엇이었을까?

〈불알친구〉

74. 작문문제

"내가 (　　)라면 (　　)겠다."를 문장으로 만드는데 가장 짧은 것은?
예) 내가 (부자)라면 (외제차 사)겠다.
　　내가 (투명인간이)라면 (여탕에 가)겠다 등등

〈내가 (겁)라면 (주)겠다.〉

75. 누룽지를 영어로 하면?

〈BOBBY BROWN - 밥이 브라운〉

76. See you again은 너 두고 봐.
How long have you been은 너 거시기가 얼마나 기냐.
그럼 Don't Worry, Be Happy의 뜻은?

〈강아지의 이름을 "워리"로 하지말고, "해피"로 해라〉

77. "가까워 보여도 걷기에는 멀다"를 동양식(한국식) 영어로 하면?

〈Looking is Near, Walking is far〉

78. 손가락은 영어로 핑거, 주먹은 영어로 오무링거라고 한다.
    그럼 손바닥은?
    〈다핑거〉

79. 3개 국어를 동시에 한다면? (짧은 것으로)
    〈엔진 조시 좋고 or 핸들 이빠이 꺾어〉

80. 「각별한 사이」란?
    〈각자 별 볼일 없는 사이〉

81. 왼쪽에 서면 좌익, 오른쪽에 서면 우익, 앞에 서면 선동세력, 뒤에 서면 배후세력이라고 한다. 그럼 중간에 서면 무슨 세력이라고 하는가?
    〈핵심세력〉

82. 사자성어(四字成語) 문제
    코도 크고 거시기도 클 때 : 금상첨화
    코도 작은것이 거시기마저 작을때 : 설상가상
    코는 크나 거시기는 작을 때 : 유명무실이라고 한다.
    그럼 코는 작으나 거시기는 클때는?
    〈천만다행〉
    (비교적 점잖은 내용으로 하면)
    금상첨화 : 술꾼이 해장국 먹으면서 한 잔 걸칠 때
    설상가상 : 위장염에다 위염까지 겹쳤을 때
    유명무실 : 양주병 속에 소주가 담겨 있을 때
    그럼 천만다행은?
    〈마지막 잔이 엎질러졌는데 술잔에 술이 반 정도 남았을 때〉

(기타부문)

83. 역대 미국 대통령 중 늘 바지가 흘려 내렸던 사람은?
〈루즈벨트 Loose Belt〉

84. 2002년 월드컵을 한달 앞두고 잠실 종합경기장에서 진돗개 11마리와 셰파트 11마리가 축구시합을 했다. 결과는?
〈개판 되었다〉

85. 세계에서 방구를 가장 잘 뀌는 사람은?
〈까스명수〉

86. 보내기 싫을 때는 어떻게 할까?
〈가위나 바위(주먹)를 낸다〉

87. 옛날 토끼와 달팽이가 살았는데 어느날 달팽이가 토끼네 집에 가서 "넌 거북이한테도 지냐? 바보새끼" 했더니 토끼가 하도 열받아서 달팽이 귀싸대기를 후려쳤대요. 그로부터 3년후 달팽이가 다시 토끼를 찾아가 문을 똑똑 두드려, 토끼가 문을 열어봤더니…
달팽이가 뭐라고 했을까?
힌트 : 속도의 문제라고 설명해 준다.
〈니가 시방 날 쳤냐?〉

88. 미워, 미워, 미워를 4자로 줄이면?
〈셋 다 미워〉

89. 고려의 시조는 누구?
〈최수종〉 (TV드라마 「태조왕건」이후)

90. 여름을 가장 시원하게 보내는 사람은?
   〈바람난 여자〉

91. 바보가 택시를 타자 운전기사가 어디까지 가십니까?
   바보의 대답은?
   〈안 가르쳐줘〉
   ※여기서 바보 Series 이야기 몇 가지를 해준다.(본문219~222페이지 참조)

92. 아침에는 다리가 4개, 낮에는 2개, 밤에는 3개가 되는 것은?
   〈괴물〉

93. 흔히 여자들의 입이 크면 거시기가 크다고 하는데, 그럼 남자들의 코가 크면 무엇이 큰 가?
   〈코딱지〉

94. 서울 토끼가 강원도에 가서 강원도 토끼와 경주시합을 했는데 서울 토끼가 잘 먹어서 훨씬 체격도 크고 튼튼한데도 다소 비실대기까지 하는 강원도 토끼한테 졌다. 왜?
   〈서울 토끼는 강원도 지리(길)를 잘 모르니까〉

95. 여자도 서서 소변을 볼 수 있는 곳은?
   〈수영장〉

96. 남자 골퍼가 벙커를 싫어하는 이유는?
   ① 물이 없다 (No Water)
   ② 잔디(풀)가 없다 (No Green)
   ③ 건드리면 안 된다 (No Touch)
   ④ 너무 크다 (Too Big)
   또 하나는?
   〈누구의 공이든 마다하지 않는다.〉 (Too Generous)

97. 구멍가게 옆에는 무슨 장사가 잘될까?
   〈고추장사〉

98. 오랜 봉사활동을 거쳐 드디어 빛을 본 사람은 누구인가?
   〈심봉사〉

99. "엉엉" 울다가 갑자기 "하하" 웃는 사람을 다섯 글자로 줄이면?
   〈아까운사람〉

100. 병원에서 수술을 할 때 의사와 간호사들이 마스크를 쓰는 이유는?
   〈수술을 하다가 실수를 했을 때 누군지 얼굴을 모르게 하기 위해서〉

Ⅱ. 유머를 효과적으로 전달하려면

● 먼저 모임이나 자리의 성격과 참석자들의 구성을 파악해서 적절한 소재를 선택합니다.
사업상 섭외를 위한 회식 자리, 각종 동창회 모임, 직장 모임, 송년회 등 모임의 성격에 따라 유머 소재를 적절히 잡아야 합니다. 또한 동창회의 경우라 하더라도 선후배가 함께 모이는 총동창회인지 동기동창회라도 부부 동반 자리인지에 따라 소재선택이나 표현방식의 적절한 조절이 필요하다고 하겠습니다. 어느 경우나 가장 기본적인 것은 참석자의 절대다수가 함께 즐길 수 있는 유머소재를 선택해야 한다는 점입니다.

● 다음으로 유머의 시작은 가능한 한 자연스럽게 또한 태연하게 하도록 합니다. 되도록 듣는 사람들 입장에서 「지금 유머를 하는 것인지」를 느끼지 못하도록 약간 "능청"을 떠는 것이 보다 큰 웃음을 유발시키게 됩니다.

● 유머를 하는 사람이 이야기 도중이나 끝난 후 얼굴에 엷은 미소는 띄우되 말하는 사람 스스로 웃는 것은 금기사항입니다. 특히 듣는 사람보다 먼저 웃는 것은 듣는 사람들의 김을 빼는 요인이 됩니다.

● 자기 중심으로 유머를 이야기해서는 웃음의 효과를 제대로 거두기 어렵습니다. 같은 말도 듣는 사람에 따라 느낌이 다르고 반응도 다르기

때문에 말하면서 듣는 사람들의 표정과 반응에 맞추어 말의 속도, 억양, 감정표현 등 이야기의 호흡을 적절히 조절해야 합니다.

● 유머 소재가 두 단계 이상으로 웃음을 유발하는 내용일 때는 일차 웃음이 나오는 단계에서 잠시 한 박자 쉬었다가 이어가도록 합니다. 즉 일 단계에서 웃음을 충분히 유발시키고 「이야기의 끝인가」하는 생각이 들기 직전에 다음 단계를 풀어서 웃음꽃이 가속도로 피도록 하는 것입니다.

● 상황설명을 중점적으로 간략히 하고 웃음을 유발하는 핵심 포인트에 효과적으로 또 일거에 다다라야 합니다.
많은 경우 유머의 전달이 썰렁한 것은 상황설명이 제대로 안되기 때문입니다. 상황 설명이 장황하면 지루하게 되고 중점사항을 빠뜨리면 웃음 유발이 안 되게 됩니다. 소재에 따라 핵심 포인트를 이야기 할 때 표정, 감정, 억양, 제스처 등을 가미하여 웃음 유발의 효과를 높이도록 합니다.

● 우리나라 각도 사투리의 기본을 익히도록 합니다.
지방마다 독특한 일상적 표현과 억양을 구사할 수 없으면 활용할 수 있는 유머소재가 제한되게 됩니다.

● 사업상 섭외 자리와 같이 자신의 역할이 정해지지 않은 자리에 참석하는 경우에는 먼저 나서서 유머를 시작하는 것보다 자리의 분위기나 오가는 대화내용을 지켜보다가 적절한 타이밍을 잡도록 합니다. 되도록 상대편에서 유머를 시작한 후 답례 형식으로 이어지게 하는 것이 보다 효과적일 것입니다. 물론 상대편이 유머를 안 할 경우 유머가 나오도록

대화의 내용을 이끌어가는 노력도 곁들여야 합니다.

- 어느 자리, 어느 모임에 가든 사전 준비가 반드시 필요합니다.
  큰 모임의 사회자 역할을 맡는 경우 전체 진행 순서 가운데 어느 대목에서 어떤 유머를 던질 것인지 유머의 제목들을 적절한 여백에 메모를 해야 효과를 제대로 거둘 수 있습니다. 그렇지 않은 소규모 모임이라도 앞의 사항들을 감안하여 그때그때 이야기할 소재를 메모하고 사전에 머릿속에 입력하여 두도록 합니다.

- 순발력을 키울 필요가 있습니다.
  유머를 던졌는데 예상과 달리 분위기가 썰렁할 때는 즉시 그 날 준비했던 소재 가운데 다른 것을 사용하든가 전혀 다른 소재의 유머로 대체하는 등의 순간적인 대체 요령이 필요하다는 것입니다.

- 사회자 같은 역할이 사전에 주어지지 않은 모임이나 자리에서는 혼자만 일방적으로 이야기 할 것이 아니라 다른 사람에게 기회를 줌으로써 상대편에 대한 배려도 하고 새로운 소재를 얻는 기회로도 활용하도록 합니다.

- 정기적으로 모임에 참석해서 유머를 하는 경우에는 지난번에 했던 소재를 되풀이 하지 않도록 유의해야 합니다. 같은 이야기를 같은 사람한테 반복하는 것은 맥 빠지는 일이고 듣는 사람을 곤혹스럽게 합니다. 웃을 수도, 안 웃을 수도 없는 상황을 만든다는 거지요. 따라서 유머를 자주하게 되는 경우에는 어느 때 어느 자리에서 어떤 이야기를 했는지 메모해 두는 습관이 필요합니다.